Anselm Grün
Ahmad Milad Karimi

Den Schmerz *verwandeln*

Anselm Grün
Ahmad Milad Karimi

Den Schmerz verwandeln

Eine interreligiöse Reise zu spiritueller Heilung

VIER TÜRME

Inhalt

Vorwort

ANSELM GRÜN
AHMAD MILAD KARIMI

Schmerzen gehören zum Menschsein dazu. Diese uralte Erfahrung findet sich daher schon ganz zu Beginn der Bibel, als Gott zu Eva nach der Vertreibung aus dem Paradies sagt: »Unter Schmerzen gebierst du Kinder« (Genesis 3,16). Schmerzen sind also ein Zeichen dafür, dass wir uns außerhalb des Paradieses befinden. Die Verheißung ist, wieder dorthin zu gelangen und ohne Schmerzen zu sein. Doch solange wir leben, werden wir immer Schmerzen erfahren, körperliche wie seelische. Ärzte haben die Aufgabe, diese zu lindern, doch häufig gelingt es nicht, sie ganz zum Verschwinden zu bringen. Das ist vor allem für Menschen, die an chronischen Schmerzen leiden, eine tägliche Realität.

Körperlichen Schmerzen gegenüber fühlen wir uns oft ohnmächtig. Und viele seelische Schmerzen, Verletzungen, die wir in der Kindheit erlebt haben, brechen heute immer wieder auf, wenn wir auf ähnliche Weise verletzt werden. Da hat ein Mensch, der als Kind Verlassenheit erfahren hat, immer wieder Angst, das könne ihm wieder geschehen. So bereitet ihm jeder Abschied große Schmerzen. Jemand, der sich als Kind übersehen fühlte, hat den Eindruck, dass er auch heute nicht gesehen wird. Wer als Kind beschämt wurde, den verunsichert jede Kritik und er fühlt sich von Neuem beschämt und abgelehnt.

Wir können theologisch, philosophisch oder medizinisch auf den Umgang mit Schmerzen schauen. Doch in diesem Buch gehen wir einen anderen Weg. Wir wollen die verschiedensten Arten von Schmerz beispielhaft an Menschen sichtbar werden lassen, die sowohl in der Bibel wie auch im Koran vorkommen. Die biblischen Figuren und die Gestalt Muhammads zeigen uns, welche Formen von Schmerzen es gibt und wie es gelingen kann, sie zu überwinden und sich mit ihnen auszusöhnen. Dabei geht es nicht darum, gegen die Schmerzen zu kämpfen, sondern freundlich mit ihnen umzugehen, sie anzunehmen. Denn nur was wir annehmen, kann verwandelt werden. Die biblischen Gestalten, die auch im Koran vorkommen und die dieser auf seine Weise beschreibt, zeigen uns viele Wege, den Schmerz umzuwandeln. Es gibt nicht den einen für alle. Jeder Leser und jede Leserin kann für sich den Weg aussuchen, der seinem oder ihrem Wesen am meisten entspricht. So schenken uns Bibel und Koran die innere Freiheit, im Blick auf die biblischen Gestalten unseren je eigenen Weg zu entdecken, mit den Schmerzen umzugehen.

Hildegard von Bingen nutzt das schöne Bild von den Wunden, die in Perlen verwandelt werden. Darum geht es auch, wenn wir die Schmerzen der biblisch-koranischen Gestalten betrachten. Menschen, die Schmerzen erlitten und versucht haben, damit umzugehen, berühren uns alle. Ihre Schmerzen sind ein Spiegel für uns.

Auch wenn wir heute wissen, dass viele Arten von Schmerz einen psychischen Hintergrund haben, sollten wir vorsichtig sein mit deren Deutung. Selbst wenn die Schmerzen keine körperliche Ursache haben, sind sie deshalb nicht eingebildet. Der Patient erlebt sie als real. Daher ist es wichtig, sich der Schmerzen auf angemessene Weise anzunehmen und die bestmögliche Linderung anzustreben.

Biologisch betrachtet ist der Schmerz ein Warnzeichen für Menschen, das auf Krankheiten hinweist und auf Gefahren. Wenn eine bestimmte Körperhaltung mir Schmerzen bereitet, lädt mich das zudem ein, eine andere Haltung einzunehmen. Der Schmerz hat also einen Sinn. Er will mir auf der einen Seite helfen, den Schaden zu erkennen, den der Schmerz anzeigt. Zum andern will er mich ermutigen, den Schaden abzuwehren. Aber es gibt auch Schmerzen, die nicht mehr verschwinden, selbst wenn ich ihre Botschaft gehört und verstanden habe. Dazu zählen zum Beispiel chronische Schmerzen. Im Umgang damit kommt auch die Medizin an ihre Grenzen. Daher versucht man häufig, sich hier eher mental mit dem Schmerz auseinanderzusetzen, sich mit ihm anzufreunden, auszusöhnen und sich auf diese Weise von ihm distanzieren zu können. Die Botschaft der Schmerztherapie lautet heute: Nicht gegen den Schmerz leben, ihn nicht bekämpfen, sondern mit ihm leben.

Der Schmerz erinnert mich immer wieder daran, dass ich als Mensch endlich bin, verwundbar. Ich muss mich von der Illusion verabschieden, dass es ein schmerzfreies Leben geben kann. Es gibt auch keine schmerzfreie Liebe. Liebe ist immer beides: das Beglückende, aber auch das, was mir Schmerzen bereitet. Je intensiver wir leben, desto glücklicher, aber desto schmerzanfälliger sind wir auch. Wer die Schmerzen als Einladung sieht, sich mit seiner Menschlichkeit und Brüchigkeit auszusöhnen, der kann gelassener damit umgehen.

Es gibt, wie schon erwähnt, dabei verschiedene Wege. Einer davon ist der spirituelle Umgang mit dem Schmerz. Das bedeutet, in den Schmerz hineinzugehen, sich hineinzufühlen, aber dann auch hindurchzugehen, um unterhalb des Schmerzes den Raum der Stille in mir zu entdecken, den Raum, von dem die Mystiker sagen, dass dort Gott selbst in mir wohnt. Jesus sagt dazu: dort, wo das Reich Gottes inwendig in uns ist. Hier hat der Schmerz keinen Zutritt, können die Menschen mich nicht verletzen mit ihren Worten und Sticheleien. Hier ist auch der körperliche Schmerz nicht zu spüren. Viele haben das Gefühl, wenn sie zum Beispiel starke Zahnschmerzen oder Migräne haben, sie wären ganz und gar Schmerz. Der Schmerz würde jede Faser ihres Leibes durchdringen. Auch in solchen Momenten kann es helfen, sich vorzustellen, dass man durch den Schmerz hindurchgeht auf den Grund der Seele als einem Ort, den der Schmerz nicht bewohnt, zu dem er keinen Zutritt hat. Das nimmt ihn nicht weg, aber es relativiert ihn. Vielleicht kann ich dann auch aufhören, gegen den Schmerz zu kämpfen. Ich lasse mich vielmehr von ihm in den inneren Raum der Stille führen. Dort kann ich mich geborgen fühlen, geschützt vor dem Schmerz. Es braucht allerdings auch Übung in Meditation, um in diesen Grund der Seele zu gelangen.

Im Koran ist ein berührendes Gebet zu lesen: »Unser Herr, lade uns nichts auf, wozu wir keine Kraft haben.«[1] Der Schmerz soll uns nicht überfordern, sondern uns öffnen für Grenzerfahrungen, die uns in Berührung mit uns selbst bringen. Rumi sagt: »Es ist Schmerz, der den Menschen leitet. Solange es in einem Werk keinen Schmerz, keine Leidenschaft und keine sehnsüchtige Liebe gibt, wird er nicht danach streben. Ohne Schmerz bleibt ihm die Sache unerreichbar, sei es diese Welt oder das Jenseits, sei es Handel oder Königtum, Gelehrsamkeit oder Sternkunde.«[2] Es geht um dieses Brennen, diese Leidenschaft, die uns treibt, wenn wir offen dafür sind, diesen inneren Schmerz anzunehmen und ihn als Quelle der Verwandlung zu erleben.

Spannend an den Gestalten, um die es in diesem Buch geht, ist vor allem die Art und Weise, wie sie mit ihrem Schmerz umgehen: Sie beklagen sich bei Gott, sie ringen mit dem Schmerz. Aber immer wieder gelingt es ihnen, ihn anzunehmen, sich damit auszusöhnen und sich von ihm in den inneren Grund der Seele führen zu lassen, zu dem der Schmerz keinen Zutritt hat. Der Schmerz wird dann für sie zum Weg, der sie immer näher zu Gott führt und sie immer tiefer in den inneren Grund ihrer Seele eindringen lässt, in dem Gott in ihnen wohnt. Es geht hier aber nicht darum, in diesen Gestalten ein Vorbild zu sehen, das uns unter Druck setzt, und uns vorzuschreibt, dass wir auf gleiche Weise mit dem Schmerz fertig werden müssten. Vielmehr laden sie uns ein, im Blick auf sie unseren eigenen Weg zu entdecken, wie wir mit unserer Veranlagung, mit unserer Empfindlichkeit, mit unseren Grenzen auf die Schmerzen reagieren können und einen Weg für uns finden, uns mit den Schmerzen auszusöhnen und sie in Perlen zu verwandeln.

Der Schmerz über den Verlust eines Kindes – Adam und Eva

ANSELM GRÜN

Wenn ich von den Schmerzen Adams und Evas schreibe, möchte ich den Blick auch auf uns heutige Menschen richten. Adam und Eva lebten im Paradies. Man könnte es vergleichen mit einem Ehepaar, das frisch verheiratet ist und sich in der Phase des Verliebtseins gleichsam im Paradies, in einer heilen Welt fühlt. Doch dann werden beide schuldig. Zunächst wollen sie sich das nicht eingestehen. Sie schieben die Schuld, in die sie geraten sind, auf das Gegenüber, und tun das, was auch wir oft tun: Wir verstecken uns hinter unserer vermeintlichen Unschuld und schieben die Schuld auf die anderen. Und wenn das nicht funktioniert, dann suchen wir in den Umständen die Schuld. Bei Adam und Eva ist es die Schlange, die schuld ist am Übertreten des göttlichen Gebotes.

Doch nachdem sie von der verbotenen Frucht gegessen haben, müssen sie erkennen, dass sie nackt sind. Sie müssen sich eingestehen, dass sie schuldig geworden sind. Gott fragt Adam: »Wo bist du?« (Genesis 3,9). Er kann sich nicht mehr verstecken. Er muss sich seiner Schuld stellen und kann sie nicht mehr verdrängen. Viele Menschen leiden unter der Schuld, die sie auf sich geladen haben. Sie zerfleischen sich mit Selbstvorwürfen und Schuldgefühlen. Wenn sie gläubig sind, vertrauen sie darauf, dass Gott ihnen ihre Schuld vergibt. Aber manchmal können sie sich selbst nicht vergeben. In den Seminaren, die ich gebe, erlebe ich immer wieder, dass es Menschen leichter fällt, anderen zu vergeben als sich selbst. Wenn ich nach den Gründen frage, erkenne ich oft: Wir alle haben eine Vorstellung von uns, wir halten uns für gute und anständige Menschen. Wir glauben, dass wir gut leben. Doch wenn wir Schuld auf uns laden, wird dieses Bild von uns selbst zerstört. Das kann uns sehr schwer treffen. Die Theologie sagt, die Ursünde des Menschen bestand darin, dass er wie Gott sein wollte. Er konnte es nicht ertragen, von Gott abhängig zu sein. Wir haben in uns oft auch das Bild, wie Gott zu sein: fehlerlos, souverän, klar, gut. Doch wenn wir in Schuld geraten, zerbricht dieses Idealbild, das wir von uns aufgebaut haben.

Manche meinen, die Kirche wecke in uns Schuldgefühle. Natürlich hat die Kirche oft Schuldgefühle verstärkt. Aber unabhängig davon, ob jemand religiös ist oder nicht: Manchmal kann man sich selbst nicht verzeihen, wenn man einen Fehler gemacht hat, wenn man sich blamiert oder einem anderen geschadet hat. Eine Frau kam nicht von ihren Schuldgefühlen los, weil sie einsah, dass sie ihrem Sohn als Kind nicht die nötigen Medikamente gegeben hatte. Sie fühlt sich schuldig, dass er jetzt als Erwachsener Gesundheitsprobleme hat. Dabei wollte sie doch immer eine gute Mutter sein und ihrem Kind alles geben, was es braucht. Ihr war nicht bewusst, was das fehlende Medikament hervorrufen könnte. Ein anderes Beispiel: Ein Mann erkennt, dass er seine verstorbene Frau verletzt hat, weil er sehr egoistisch seinen eigenen Hobbys nachgegangen ist und zu wenig Zeit für sie hatte. Beide dargestellten Personen quälen sich mit ihren Schuldgefühlen und kommen nicht davon los. Es sind seelische Schmerzen, die ihnen die Schuldgefühle bereiten. Auch wenn ich diesen Menschen sage, sie sollten ihre Schuldgefühle Gott hinhalten und darauf vertrauen, dass er ihnen alles vergibt, und sie sollten sich selbst vergeben, gelingt es ihnen nicht. Es ist ein schmerzlicher Prozess, bis man frei wird von solchen Schuldgefühlen.

Adam und Eva werden aus dem Paradies vertrieben. Menschen, die aneinander schuldig geworden sind, werden aus dem Land der Unschuld vertrieben. Das Land, in das sie nun geraten, ist voller Mühsal und Schmerzen. Gott verflucht den Ackerboden und spricht zu Adam: »Unter Mühsal wirst du von ihm essen alle Tage deines Lebens. Dornen und Disteln lässt er dir wachsen und die Pflanzen des Feldes wirst du essen. Im Schweiße deines Angesichts wirst du dein Brot essen, bis du zum Erdboden zurückkehrst« (Genesis 3,17–19). Hier ist von der Arbeit auf dem Feld die Rede. Doch die Worte beschreiben das Leben, das Adam nach der Vertreibung aus dem Paradies prägt. Die Dornen stehen für die Verletzungen, die er in der Partnerschaft und auch im Umgang mit anderen Menschen immer wieder erleben wird. Und sie stehen – so deutet sie Jesus in Markus 4,19 – für die Gier nach Reichtum, für die ängstlichen Sorgen um den Lebensunterhalt. Die Frau wird andere Schmerzen erleben. Zu ihr spricht Gott: »Viel Mühsal bereite ich dir und häufig wirst du schwanger werden. Unter Schmerzen gebierst du Kinder. Nach deinem Mann hast du Verlangen und er wird über dich herrschen« (Genesis 3,16). Die Schmerzen beziehen sich nicht nur auf die Geburt. Die Mutter freut sich am Wachsen des Kindes. Sie hat aber auch Schmerzen, wenn es sich nicht so verhält oder entwickelt, wie sie es sich wünscht. Sie sehnt sich nach dem Mann, wird aber oft genug auch von ihm verletzt.

Die Schmerzen, die Kinder nicht nur der Mutter, sondern auch dem Vater bereiten, kommen auf dramatische Weise in der Geschichte von Kain und Abel zur Sprache. Eltern möchten, dass ihre Kinder sich gut untereinander verstehen. Sie tun alles, damit Harmonie in der Familie herrscht. Doch dann erleben sie, dass die Geschwister streiten. Sie versuchen, sie miteinander zu versöhnen, aber das gelingt oft nicht. Ich habe Eltern erlebt, die darunter litten, dass ihr Sohn und ihre Tochter nicht mehr miteinander sprachen. Beim Geburtstag der Mutter oder des Vaters setzten sie die Eltern unter Druck: Entweder sie kommt oder ich. Wenn die Schwester oder der Bruder kommt, komme ich nicht. Alle Versuche, die Geschwister miteinander zu versöhnen, schlugen fehl. Ähnlich ergeht es Adam und Eva. Sicher wollen sie Kain und Abel gerecht behandeln, aber Kain hat das Gefühl, dass er als Ackerbauer die schwerere Arbeit hat als sein jüngerer Bruder Abel, der nur die Schafe zu hüten braucht. Und so kann Kain es nicht ertragen, dass sein Bruder offensichtlich von den Eltern mehr geliebt wird. Das drückt die Bibel aus in dem Bild, dass Gott auf das Opfer Abels schaut, auf das Opfer Kains aber nicht. Wir dürfen das nicht Gott in die Schuhe schieben, als sei er daran schuld, dass Kain wütend wird. Von Kain heißt es: »Da überlief es Kain ganz heiß und sein Blick senkte sich« (Genesis 4,5). Gott hat Verständnis dafür, dass der Dämon des Neids über Kain kommt. Es wäre Kains Aufgabe, ihn zu überwinden: »... wenn du nicht gut handelst, lauert an der Tür die Sünde. Sie hat Verlangen nach dir, doch du sollst über sie herrschen« (Genesis 4,7). Doch Kain wird nicht Herr über den Neid, sondern der Neid beherrscht ihn so, dass er seinen Bruder Abel erschlägt.

Das ist ein weiterer Schmerz, den Eltern erleiden können: der Tod eines Kindes. Ich halte immer wieder Kurse für verwaiste Eltern. Da spüre ich, welche schmerzliche Trauer die Eltern überfällt und lange Zeit beherrscht, wenn ein Kind stirbt. Sie haben so viel Hoffnung auf das Kind gesetzt. Jetzt ist es gestorben, entweder durch Krankheit, durch einen Unfall oder auch durch Suizid. Ich nenne das Seminar »Tod zur Unzeit«. Wenn Eltern im Alter sterben, ist es oft an der Zeit. Doch wenn ein Kind vor den Eltern stirbt, ist es immer zur Unzeit. Da ist nicht nur die enttäuschte Hoffnung, sondern auch der Schmerz, dass das geliebte Kind auf einmal nicht mehr da ist. Es fehlt der Familie. Sein Lachen fehlt, seine Lebendigkeit, die die Eltern angesteckt hat. Das Haus kommt ihnen leer vor. Es braucht lange Zeit, bis die Trauer der Eltern sich langsam in Dankbarkeit wandelt, dass sie dieses Kind hatten und es erleben durften. Die Hoffnung für die Eltern besteht dann darin, dass das Kind zum inneren Begleiter für die ganze Familie wird.

Bei Adam und Eva geht der Schmerz über den Verlust ihres Sohnes noch tiefer, weil ihr eigener Sohn seinen Bruder erschlagen hat. Wenn ein Sohn oder eine Tochter durch einen Mord gestorben ist, ist der Schmerz für die Eltern besonders tief. Sie spüren Rachegefühle gegenüber dem Menschen, der ihnen das angetan hat. Eine Mutter erzählte mir, sie wisse genau, wer ihre Tochter ermordet habe. Doch dieser Mensch habe einen guten Rechtsanwalt, der ihm ein Alibi verschafft hat, sodass er freigesprochen wurde. Es brauchte lange, bis die Mutter ihre Hassgefühle überwinden konnte. So kann man sich vorstellen, dass es Adam und Eva sehr schwerfiel, die Beziehung zu ihrem Sohn Kain aufrechtzuerhalten. Die

Bibel drückt das in dem Satz aus, den Gott zu Kain spricht: »Rastlos und ruhelos wirst du auf der Erde sein« (Genesis 4,12). Kain kann es nicht mehr bei seinen Eltern und bei seiner gewohnten Arbeit aushalten. Er muss rastlos umherwandern. Er wird mit seiner Schuld und seinen Schuldgefühlen keine Ruhe mehr finden. Adam und Eva leiden darunter, dass sie nun beide Söhne verloren haben, den einen durch den Tod, den andern durch den Abbruch aller Kontakte.

Das ist ein weiterer Schmerz, den ich in dieser Geschichte sehe und dem ich oft in Gesprächen begegne: Ein Sohn oder eine Tochter bricht den Kontakt zu den Eltern völlig ab. Die Eltern wissen oft nicht, warum. Wenn sie ihre Kinder fragen, bekommen sie keine Antwort. Sie haben keine Chance mehr, ihren Kindern zu begegnen. Die Enkelkinder werden ihnen vorenthalten. Natürlich gibt es Situationen, in denen Eltern toxisch auf ihre Kinder wirken, sodass die Kinder sich vor der Vergiftung durch ihre unzufriedenen Eltern schützen müssen. Aber oft können die Eltern nichts dafür. Manchmal ist es der Partner der Kinder, der gegen die Eltern hetzt oder gar den Kontakt zu ihnen verbietet.

Wie können nun diese Schmerzen geheilt und die Schuldgefühle verwandelt werden? Es hat keinen Sinn, einem Menschen zu sagen, er brauche keine Schuldgefühle zu haben, er könne nichts dafür, er habe ja das Beste versucht. Die Schuldgefühle zu bagatellisieren, verschafft diesem Menschen keine Ruhe. Eine Hilfe, die Schuldgefühle loszulassen, ist der Glaube, dass Gott mir meine Schuld vergibt. Der Glaube hilft mir, mich auch selbst allmählich von meinen quälenden Gefühlen zu befreien. Viele Menschen glauben zwar an die Vergebung

Gottes, aber sie können sich selbst nicht vergeben. Drei Wege können dabei hilfreich sein:

1. Ich meditiere immer wieder das Gebet Jesu, das er am Kreuz für seine Mörder gebetet hat: »Vater, vergib ihnen, denn sie wissen nicht, was sie tun!« (Lukas 23,34). Ich formuliere das Gebet um: »Vater, vergib mir, denn ich wusste nicht, was ich tat.« Dieses Gebet verwandelt allmählich meine Schuldgefühle in eine tiefe innere Ruhe.

2. Ich spreche den Vers aus 1 Johannes 3,20 in meine Schuldgefühle: »Wenn das Herz uns auch verurteilt – Gott ist größer als unser Herz, und er weiß alles.« Auch dieser Vers kann mich langsam von meinen Schuldgefühlen befreien.

3. Wenn die Schuldgefühle auftauchen, nehme ich sie zum Anlass, für den Menschen zu beten, dem gegenüber ich schuldig geworden bin. Ich bete, Gott möge das Leid, das ich ihm zugefügt habe, in Segen für ihn verwandeln.

Den Schmerz über den Verlust eines Kindes zu verwandeln, braucht Zeit. Die Bibel erzählt uns nichts von den Schmerzen Adams und Evas über den Tod Abels. Aber sie erzählt uns, dass sie noch ein Kind miteinander zeugen: Set, der viele Söhne und Töchter als Nachkommen hat. Das ist ein Bild dafür, dass die Trauer um den Verlust eines Kindes verwandelt wird in eine neue Fruchtbarkeit. Diese kann in weiteren Kindern bestehen, sie kann aber auch anders aussehen, etwa so, dass man dem Tod des Kindes einen Sinn gibt und sich um andere Eltern kümmert, die ein ähnliches Schicksal erlitten haben. So habe ich das Ehepaar kennengelernt, das nach dem Tod ihres achtjährigen Sohnes in Deutschland die erste Selbsthilfegruppe für verwaiste Eltern gegründet hat. Inzwischen gibt es diese Gruppen in vielen Städten. Dieses Elternpaar hat eine Bewegung ins Leben gerufen, die heute für viele segensreich ist.

Der Schmerz über den Abbruch der Beziehung vonseiten des Sohnes oder der Tochter kann sich wandeln, wenn man auf der einen Seite die Hoffnung nie aufgibt, dass die Beziehung wiederhergestellt wird und die Tür für die Kinder immer offenhält. Zum anderen kann der Schmerz über diesen Verlust zur Einladung für die Eltern werden, die eigene Beziehung zu intensivieren und die Beziehung zu Freunden auszubauen.

Der Schmerz über das Böse in der Welt – Noah

ANSELM GRÜN

Noah leidet darunter, dass er den Eindruck hat, dass die Welt sich immer mehr zum Schlechten hin verändert. »Der Herr sah, dass auf der Erde die Bosheit des Menschen zunahm und dass alles Sinnen und Trachten seines Herzens immer nur böse war« (Genesis 6,5). Es ist die Situation, unter der heute viele leiden. Sie haben den Eindruck, die Menschen würden immer egoistischer, die Kriminalität nehme zu und zeige sich in immer neuen Formen. Kriege verbreiten sich von Neuem in der Welt, die Gesellschaft polarisiert sich immer mehr und oft genug spaltet sie sich. Viele Menschen leiden unter den Zuständen der heutigen Welt so stark, dass sie krank werden. Oder sie fühlen sich wie gelähmt, wenn sie in den Medien ständig neue Nachrichten über Gräueltaten in dieser Welt hören und sehen.

Noah lässt sich von der Schlechtigkeit der Welt nicht anstecken. Er bleibt gerecht, das heißt, er lebt nach den Geboten Gottes. So findet er »Gnade in den Augen des Herrn« (Genesis 6,8). Auf seinen Befehl hin baut er eine Arche und lässt seine ganze Familie einsteigen. Von allen Tieren nimmt er jeweils ein Männchen und ein Weibchen mit, sodass sie sich weiterhin vermehren können. Dann erlebt Noah, dass die ganze Welt überflutet und alles Leben auf ihr ausgelöscht wird, alle

Menschen und Tiere sterben in den Wasserfluten – es ist der Schmerz darüber, dass die vertraute Welt, wie er sie bisher kannte, untergeht.

Diesen Schmerz erleben wir heute, wenn wir uns die Folgen des Klimawandels anschauen. Viele Menschen verschließen die Augen davor, so wie zur Zeit Noahs. Doch Noah findet auf Geheiß Gottes einen rettenden Ausweg, indem er die Arche baut. Als die Wasserfluten immer höher steigen und alle Berge bedecken, schwimmt die Arche weiterhin auf dem Wasser. Nach 150 Tagen nimmt das Wasser allmählich wieder ab. Noah lässt eine Taube ausfliegen, doch sie findet keinen Halt und kehrt zurück. Nach sieben Tagen lässt er sie nochmals ausfliegen und sie bringt im Schnabel einen Ölzweig mit. So erkennt Noah, dass die ersten Pflanzen wieder aus dem Wasser ragen. Nach weiteren sieben Tagen fliegt die Taube wieder aus und kehrt nicht mehr zurück. Jetzt kann Noah das Fenster der Arche öffnen und sehen, dass die Erde wieder trocken ist. So kommen alle Menschen und Tiere aus der Arche heraus und fangen ein neues Leben an. Gott schließt mit Noah einen neuen Bund. Als Zeichen dieses Bundes setzt er den Regenbogen. Er soll uns Menschen immer daran erinnern, dass Gott nie wieder alles Leben auf der Erde vernichten wird. Der Regenbogen soll auch für uns heute ein Zeichen der Hoffnung sein, dass diese Welt nicht an ihrer Bosheit zugrunde gehen wird, dass der Klimawandel nicht die ganze Erde zerstört.

Die Bibel erzählt jedoch noch von einem weiteren Schmerz, den Noah erleidet: Er baut Wein an und trinkt davon – und kennt offensichtlich nicht dessen Wirkung. So wurde er »davon betrunken und entblößte sich drinnen in seinem Zelt« (Genesis 9,21). Sein Sohn Ham sieht seinen Vater nackt daliegen und erzählt es sofort seinen beiden Brüdern. »Da nahmen Sem und Jafet einen Überwurf; den legten sich beide auf die Schultern, gingen rückwärts und bedeckten die Blöße ihres Vaters. Sie hatten ihr Gesicht abgewandt und konnten die Blöße des Vaters nicht sehen« (Genesis 9,23). Als Noah von seinem Rausch erwacht, erfährt er vom Verhalten Hams und verflucht ihn, er solle seinen Brüdern dienen.

Der Schmerz besteht hier im Bloßstellen. Ham stellt sich als Sohn über seinen Vater. Er sieht seine Schwäche. Die Bibel entschuldigt die Schwäche Noahs damit, dass er die Wirkung des Weines noch nicht kannte. Doch Ham sieht den nackten Vater und erzählt es sofort seinen Brüdern. Diesen Schmerz kennen auch heute viele Menschen. Gerade durch die heutigen Medien und Netzwerke ist die Gefahr groß, bloßgestellt zu werden. Dazu braucht es oft nur ein Foto zum falschen Zeitpunkt oder am falschen Ort. Und durch die Reichweite solcher Netzwerke findet alles, was wir tun oder lassen, auch schnell eine sehr große Verbreitung. Eine Studentin erzählte mir von ihrer Angst, dass ihre Kommilitonen irgendetwas von ihr in den sozialen Netzwerken veröffentlichen könnten. Diese Angst lähmt und blockiert sie. Sie raubt ihr viel Energie. Sie lebt in der ständigen Angst, bloßgestellt zu werden. Eine solche Angst kann zum Kontrollzwang führen. Doch wenn ich alles kontrollieren muss, engt das mein Leben ein und raubt mir alle Energie und Lebensfreude. Ich kann mich nicht freuen, nicht ausgelassen sein, aus Angst, jemand könnte das fotografieren und veröffentlichen.

Wenn eine öffentliche Persönlichkeit wie Politikerinnen, Wirtschaftler, Sportlerinnen oder Schauspieler einen Fehler begehen, erleben sie häufig in diesen Medien einen Shitstorm und erhalten viele Hassbotschaften. Da braucht es gute Freunde, die den Mantel der Barmherzigkeit um sie legen und sie vor der Bloßstellung in der Öffentlichkeit schützen, die den Mut haben, gegen den Mainstream etwas Positives über sie zu sagen. Als der frühere Bundespräsident Christian Wulff wegen des Verdachts auf Vorteilsnahme in der öffentlichen Kritik stand, nahm ich gerade an einer Talkshow teil. Walter Kohl versuchte, die Verdienste Wulffs zu würdigen, doch das wurde überhaupt nicht gehört. Es braucht Mut, aus der Reihe derer auszuscheren, die sich über diesen oder jenen Menschen empören, sich über ihn stellen und ihn verteufeln.

Die beiden Söhne Noahs hatten den Mut, die Blöße ihres Vaters zu verdecken. Sie überwanden ihre Neugier, die Nacktheit des Vaters zu sehen. Wir alle kennen diese Neugier, zu erfahren, was der andere an Verwerflichem getan hat. Es braucht da auch in uns zuerst die Ehrfurcht, die Augen und Ohren gegenüber all den negativen Nachrichten zu verschließen und nüchtern und sachlich auf die Situation und auf diesen Menschen zu schauen. Mein Vater ermahnte uns Kinder immer, wenn wir über andere redeten und über sie lästerten: »Über andere Menschen spricht man nicht.« Das hat sich mir tief eingeprägt. Wenn ich von Medien aufgefordert werde, über diesen oder jenen etwas zu sagen, der gerade im Kreuzfeuer der Kritik steht, antworte ich immer: »Über einen Menschen, den ich nicht wirklich kenne, sage ich nichts.«

Noahs Geschichte bietet vor allem drei Heilmittel für unsere Schmerzen an. Da ist zum einen eine andere Sichtweise auf die Menschen. Zu Beginn heißt es, dass der Mensch verdorben ist und dass »alles Sinnen und Trachten seines Herzens immer nur böse war« (Genesis 6,5). Viele Menschen haben auf dem Hintergrund ihrer Erfahrung den Eindruck, alle Menschen seien von Grund auf böse. Doch so werden wir den Menschen nicht gerecht. Die Geschichte zeigt uns, dass Noah zumindest auf seine Verwandten einen anderen Blick wirft. Er vertraut darauf, dass sie genauso redlich und rechtschaffen leben wie er selbst. Das ist auch heute ein wichtiges Heilmittel. Wir sollten so auf die Menschen schauen, dass wir in jedem einen Bruder oder eine Schwester sehen, der oder die ähnlich denkt wie wir. Der heilige Benedikt fordert uns auf, in jedem Menschen Christus zu sehen, die Menschen nicht festzulegen auf das Böse, das wir wahrnehmen, sondern hinter dem Bösen die Sehnsucht nach dem Guten zu sehen. Dann werden wir den Menschen anders gegenübertreten und gute Begegnungen erleben. Sie werden uns und anderen guttun und uns von der Fixierung auf das Negative befreien.

Das zweite Heilmittel ist die Arche. Noah baut sich dieses Schiff, in dem er geschützt ist vor dem Bösen um ihn herum. Die frühen Kirchenväter betrachteten die Arche immer als Bild für die Kirche, in der wir sicher die Schifffahrt unseres Lebens bewältigen können. Wir können die Arche aber auch als den inneren Raum verstehen, als den heiligen Raum auf dem Grund unserer Seele. Es geht darum, das Böse und Negative in dieser Welt wahrzunehmen, aber zugleich darum zu wissen, dass in uns ein heiliger Raum, eine Arche ist, zu der das Böse keinen Zutritt, über das das Böse keine Macht hat.

Das gibt uns mitten in dieser durcheinandergeratenen Welt einen inneren Schutzraum.

Vom dritten Heilmittel spricht Jesus in seiner Endzeitrede bei Matthäus: »Denn wie es in den Tagen des Noah war, so wird die Ankunft des Menschensohnes sein. Wie die Menschen in jenen Tagen vor der Flut aßen und tranken, heirateten und sich heiraten ließen, bis zu dem Tag, an dem Noah in die Arche ging, und nichts ahnten, bis die Flut hereinbrach und alle wegraffte, so wird auch die Ankunft des Menschensohnes sein« (Matthäus 24,37–39). Die Mahnung, die Jesus uns aus dem Vergleich mit der Zeit des Noah gibt, lautet: »Seid also wachsam! Denn ihr wisst nicht, an welchem Tag euer Herr kommt« (Matthäus 24,42). Es geht darum, in dieser Zeit wachsam zu leben, damit zu rechnen, dass unser Leben ein Ende hat. Im Tod geht jedes Leben zu Ende. Da kommt der Menschensohn. Da bricht die Flut über uns herein und reißt alles bisher Lebendige mit sich. Doch das Wasser steht dann auch für die Neugeburt, die wir im Tod erleben. Unsere Aufgabe ist es, wachsam zu sein und immer mit dem Ende der Welt in unserem Tod zu rechnen. Dann werden wir ohne Angst leben können.

Der Schmerz über die eigenen Abgründe und Grenzen – Abraham

AHMAD MILAD KARIMI

Abraham (arab. *Ibrāhīm*) ist im Koran eine herausragende Figur, eine Gestalt, die integrativ wirkt, für Entfeindung und Zusammengehörigkeit steht. Abraham als der »Freund Gottes«[3] ist nicht umsonst sozusagen der kleinste gemeinsame Nenner der nach ihm benannten abrahamitischen Religionen Judentum, Christentum und Islam. Wer sich an ihm orientiert, wird sich auf die Gemeinsamkeiten besinnen und nicht das Trennende in den Vordergrund stellen, weil sein Glaube wesentlich ist: »Zum Glauben Abrahams!«[4] Denn Abrahams Glaube wird von allen als rein und einfach, als ursprünglich und natürlich verstanden, erst die später aufkommenden religiösen Traditionen führen aufgrund der Frage nach dem einen wahren Weg des Glaubens zu Spaltungen. Abraham als Brücke unserer gemeinsamen Geistigkeit verbindet, was zusammengehört. Er gilt somit als Urvater des Glaubens und als ein »schönes« Beispiel im Glauben.[5]

Im Koran entdecken wir Abraham als einen Menschen, der vielfach von Gott herausgefordert und geprüft wird. Und daher kennt er auch vielfältige Schmerzerfahrungen. Gerade weil er eine so herausragende Persönlichkeit, eine religiöse Identifikationsfigur darstellt, sind seine Schmerzen und sein Umgang damit lehrreich und inspirierend.

Zunächst erfahren wir von seinem Vater, der Abraham ablehnt, weil er nicht dessen Glauben folgt, sondern an den einen Gott glaubt. Hier entsteht ein Bruch zwischen Vater und Sohn, der Abraham stark beeinträchtigt. Er muss sich zwischen seinem Glauben und seinem Vater entscheiden. Der Vater macht es ihm nicht leicht. Er führt Abraham vor Augen, dass er so nicht nur dem Glauben seines Volkes und seines Vaters, sondern auch dem Glauben seiner Ahnen den Rücken kehrt. Abraham muss sich entscheiden. Er bleibt wahrhaftig, doch der Preis ist hoch, der Schmerz unvorstellbar, denn er zerstört damit die Beziehung zu seiner Familie.

Wie Abraham stehen auch wir oft vor Entscheidungen, die uns innerlich zu zerreißen drohen. Wir müssen uns zwischen unseren Überzeugungen und den Erwartungen anderer entscheiden. Diese Situationen erfordern Ehrlichkeit und Wahrhaftigkeit, und nicht selten müssen wir dann in Kauf nehmen, dass wir etwas verlieren, dass etwas zerbricht. Abraham lehrt uns, dass wahre Integrität oft mit großem Schmerz verbunden ist, aber letztlich zu einem tieferen Einssein mit sich selbst und einem authentischeren Leben führt.

Wir können wie Abraham, der die Erwartungen seines Vaters nicht ändern kann, die Menschen um uns herum nicht immer ändern, aber wir können unsere eigene Sichtweise und unser Verhalten ändern. Indem wir wahrhaftig, das heißt auch standhaft bleiben, übernehmen wir die Verantwortung für unser Handeln und beeinflussen damit indirekt unsere Umwelt.

Der Vater wird Abraham sogar mit Steinigung drohen, weil er die alten Götter verschmäht hat, aber er reagiert bemerkenswert darauf, indem er für den Vater um Vergebung bittet: »Er sagte: ›Friede auf dich! Ich werde Vergebung erbitten für dich bei meinem Herrn. Er ist mir gnädig zugeneigt.‹«[6] Er biedert sich nicht an und lässt auch den Vater vernehmen, dass er ihm kein Feind geworden ist. Dennoch verlässt er den Vater, ohne den Schmerz, der zwischen ihnen entstanden ist, zu zementieren.

Statt Groll oder Bitterkeit zu hegen, können wir uns entscheiden, Vergebung zu üben. Vergebung bedeutet nicht, den Schmerz zu leugnen oder zu vergessen, sondern ihn zu akzeptieren und dann loszulassen. So entsteht aus dem Schmerz eine spirituelle Reife, durch die wir Raum für Heilung und Frieden in unserem Herzen schaffen.

Des Weiteren erleben Abraham und seine Frau Sara eine tiefgreifende Schmerzerfahrung, als sie sich nach Nachkommen sehnen, aber trotz ihres fortgeschrittenen Alters kein Kind bekommen. Diese Situation ist vielen Paaren bekannt, die sich danach sehnen, Eltern zu werden, jedoch mit Unfruchtbarkeit oder anderen Herausforderungen konfrontiert sind, die ihre Hoffnungen enttäuschen. Für Abraham und Sara war die Sehnsucht nach einem Kind nicht nur ein Wunsch nach Nachkommen, sondern auch von großer spiritueller Bedeutung. Das Fehlen eines eigenen Kindes kann daher tiefen Schmerz und ein Gefühl von Unvollständigkeit verursachen.

Abraham und Sara sind schon relativ alt, als ihnen die Botschaft verkündet wird, dass Gott ihnen zwei Kinder schenken möchte. Zunächst können die beiden es kaum glauben, was sie vernehmen: »Sie sagte: ›Oh, wehe mir! Soll ich gebären ein Kind, da ich doch eine alte Frau und dieser mein Mann ein Greis? Dies eine Sache, eine wunderliche.«[7] Hier liegen Schmerz und Hoffnung nah beieinander. Abraham und Sara mussten nicht nur mit der Enttäuschung leben, dass sie kinderlos blieben, sondern auch ihren Glauben an die göttliche Verheißung aufrechterhalten, dass sie Nachkommen haben würden, obwohl alles dagegensprach.

Das Warten auf die verheißenen Kinder schien kein Ende zu nehmen, sodass Abraham die Geduld verließ und er auf Bitten seiner Frau mit ihrer ägyptischen Sklavin Hagar ein Kind zeugte. Doch bevor es geboren wird, flieht Hagar in die Wüste, weil sie sich bei Sara nicht mehr sicher fühlt. Sie behandelt sie verächtlich, Hagar bekommt ihren Zorn zu spüren über ihre eigene Unfruchtbarkeit. Die Bibel berichtet, dass Hagar ein Engel erscheint, der ihr mitteilt, sie werde einen Sohn bekommen und solle ihn Ismael (»Gott hört«) nennen: »... denn der Herr hat auf dich gehört in deinem Leid.«[8] Hagar kehrt zu Sara zurück und Abrahams schmerzliche Sehnsucht nach einem Sohn wird mit der Geburt von Ismael gestillt. Ismael wird auch die Verwandlung seines Schmerzes werden.

Doch er wird weiterhin geprüft, denn auch Sara wird, wie ihnen beiden verheißen wurde, schwanger, obwohl sie beide kaum darauf vertrauen konnten. Mit der Geburt von Isaak steht dieser nun zwischen zwei Frauen und gerät in Konkurrenz zu seinem Halbbruder Ismael. Die Eifersucht der Frauen und die Rivalitäten zwischen den Brüdern nehmen dramatische Ausmaße an. Schließlich schickt Abraham Hagar und Ismael fort.

In Abraham erkennen wir einen Menschen, der in die komplexen Beziehungen zwischen den Menschen, die er allesamt liebt, aber nicht zusammenhalten kann, verstrickt ist. Der Segen, der von den beiden Söhnen ausgeht, wurde ihm verkündet, aber er konnte nur den Schmerz erkennen, der in ihm entfacht wurde, weil er sich für Ismael oder Isaak entscheiden musste: den einen beerben, den anderen verstoßen.

In Ismael und Isaak werden später die jüdisch-christliche und die muslimische Tradition ihre jeweilige Abstammung erkennen, die jeweils auf Abraham zurückgeführt wird. In diesem Sinn stellen die zwei Söhne den Grund dar, warum Judentum, Christentum und Islam auf den einen gemeinsamen Gott und ihren Stammvater Abraham bezogen sind, geschwisterlich zusammengehören, Glaubensbrüder, die die Umstände auseinanderbringen, aber nicht auseinanderreißen können. In Abraham können wir heute die Brücke erkennen, die uns trägt, wenn wir uns in interreligiösen Anfeindungen zu verlieren drohen. Der Schmerz, den der Urvater Abraham beinahe das Herz zerriss, wird in seinen Kindern, die wir als Juden, Christen und Muslime sind, in eine untrennbare Verbindung dieser drei verwandelt.

Abraham wird in seinem Leben vielfach geprüft, doch eine dieser Prüfungen muss ihn an den Rand dessen gebracht haben, was ein Mensch ertragen kann. Die Stimme Gottes, die ihm einst die Verheißungen brachte, fordert nun das Unfassbare: das Leben seines geliebten Sohnes. Abraham gesteht: »O mein Sohn, ich sah im Traum, dass ich dich schlachte. So schau, was meinst du dazu?« Er antwortet: »O mein Vater, handle, wie dir befohlen. Du wirst mich, so Gott will, unter den Geduldigen finden.«[9] Der Sohn zögert nicht, sich seinem Vater hinzugeben, indem er sich der Geduld verschreibt. Fordert Gott Menschenopfer? Vater und Sohn sind sich einig: Das Gebot Gottes kennt keine Zurückhaltung. Vor dem Hintergrund, dass Abraham ein Leben lang auf einen Nachkommen gewartet hat und dass er sein Kind liebt, stellt diese Prüfung die denkbar härteste dar. Er steht zwischen Gott und seinem Sohn, zwischen dem Gebot des Höchsten und der Liebe eines Vaters. Insofern verkörpert Abraham allem voran Gehorsam. Er soll seinen Willen zurückstellen vor dem Willen Gottes, selbst dann, wenn dieser von ihm verlangt, was für ihn unvorstellbar, unergründbar, unfassbar ist.

Der Schmerz, der Abraham durchdringt, ist unermesslich. Der Gedanke, sein unschuldiges Kind zu opfern, ist eine Bürde, die das menschliche Herz kaum ertragen kann. Es ist vor allem unfassbar, warum ein guter, gütiger, liebender und gerechter Gott überhaupt nach so einem Opfer verlangt. Der Glaube Abrahams soll geprüft werden. Wir fragen uns heute vielleicht, was sein Glaube denn eigentlich war? Absoluter Gehorsam, dass wir bereit sein sollten, alles für Gott zu tun? Oder der Widerstand gegen eine Vorstellung von Gott, die alles von uns verlangt? Das Aufbegehren gegen die Vorstellung, dass es einen Gott geben kann, der uns auffordert, unser eigenes Kind abzuschlachten? Die innere Zerrissenheit zwischen Gehorsam und Widerstand hat Abraham ganz erfasst. Hätte er nicht Nein sagen können, sagen sollen? Wollte Gott überhaupt blinde Hingabe um jeden Preis? Stellt nicht der Schutz eines Kindes eine heilige, gläubige Pflicht eines Menschen dar?

In diesem Moment der höchsten Not, als das Messer in seiner Hand über dem geliebten Sohn schwebt, greift der Ewige ein. Abraham besteht indes in seinem reinen Glauben die Prüfungen Gottes, so heißt es im Koran: »Als sie beide ergeben waren und er ihn auf die Stirn legte, da riefen Wir ihm zu: ›O Abraham, du hast bereits bewahrheitet das Traumgesicht.‹ [...] Wahrlich, das war eine Prüfung, eine offenkundige! Und Wir lösten ihn aus mit einem Schlachtopfer, einem gewaltigen. Und Wir hinterließen für ihn bei den Späteren: Friede über Abraham!«[10] Anstelle seines Sohnes wird ein Widder geopfert. Abrahams Schmerz wird so in einer einzigen erlösenden Tat verwandelt: Der Sohn lebt, und Abrahams Glaube wird bestätigt und vertieft.

Hier wird deutlich, dass diese Grenzerfahrung Abrahams von einer anderen Art ist. Hier werden sein Glaube, sein Gottesbild, sein Selbstbild zu einer reinen Erfahrung des Schmerzes. Wenn er seinen Sohn geopfert hätte, wozu er entschlossen war, dann hätte er in seiner Vorstellung die Prüfung Gottes bestanden. Er wäre dann ein wahrer Gläubiger – aber zugleich auch ein Mörder, der seinem eigenen unschuldigen Kind das Leben genommen hat. Sein Glaube wäre von innen zersetzt, weil er sich nicht auf seinen Gott verlassen kann, sondern sich vor ihm fürchten muss. Doch Abraham hatte eine lange Beziehung mit Gott, die schon oft auf die Probe gestellt worden war. Als er sich entschieden gegen den Götzendienst seiner Landsleute gewandt hatte, wurde er nicht nur von seinem eigenen Vater angefeindet, sondern dazu verurteilt, verbrannt zu werden. Eindrücklich wird diese Erfahrung Abrahams im Koran und in der Tradition des Islam geschildert. »Sie sagten: ›Verbrennt ihn und helft euren Göttern, falls ihr etwas tun wollt.«[11] Sie errichteten eine Art Feuerofen und warfen ihn ins Feuer.[12] Abraham wird von vielen Seiten Hilfe angeboten, aber er lehnt sie ab. Selbst dann, als ihm der Engel Gabriel sagt, er solle Hilfe bei Gott suchen, antwortete er, dass es ihm genüge, zu wissen, dass Gott um ihn weiß. Abraham wird ins Feuer geworfen. Im Koran spricht in diesem Moment der Ewige: »O Feuer, sei kühl, und Unversehrtheit über Abraham!«[13] Abraham wird errettet, sodass ihn gegen alle physikalischen Gesetze nicht einmal das Feuer verbrennt, weil Gottes schützende Hand ihn trägt. Der Schmerz der Verbrennung wurde in Kühle verwandelt: Er weiß, dass der Schmerz, durch den er geht, ihn in seiner spirituellen Reife und Bindung zu Gott vertieft.

Wenn also Abraham im Traum die Stimme Gottes hört, die ihm sagt, er solle seinen Sohn opfern, dann geht es hier um einen Menschen, den nicht einmal das Feuer erfassen konnte, weil Gottes Segen auf ihm ruht. Er gibt sich erneut dem großen Schmerz hin, ohne zu wissen, was auf ihn konkret wartet, aber er weiß: Es wird ihn verwandeln.

Der Schmerz Abrahams wird verwandelt, als er erkennt, dass Gott nicht das Leben seines Sohnes verlangt, sondern seinen Gehorsam und seinen unerschütterlichen Glauben. Die wahre Prüfung liegt nicht in der blinden Hingabe, sondern im Vertrauen darauf, dass Gottes Gebote letztlich auf Barmherzigkeit und Gerechtigkeit beruhen. Sie zu befolgen hat also keinen Selbstzweck, sondern sie verwandeln uns. Und noch ein anderer Aspekt ist hier wichtig: Abraham erkennt, wie weit er gehen würde, wozu er im Stande wäre, wenn Gott ihm keine Grenzen setzen würde. Aus dieser Erfahrung wird deutlich, dass echter Glaube und tiefe Hingabe oft durch Schmerz und innere Zerrissenheit führen, aber dass in der Demut Heilung und Erlösung liegen.

Es bedeutet, dass wir uns selbst ehrlich reflektieren und unsere inneren Grenzen erkennen müssen. Im Alltag kann das bedeuten, dass wir auf unsere Reaktionen in stressigen oder extremen Situationen achten und lernen, wie wir besser damit umgehen können, ohne uns selbst oder andere zu verletzen.

So lernen wir, achtsamer mit uns selbst umzugehen, unsere eigenen Grenzen zu respektieren und uns vor den Konsequenzen unseres eigenen Handelns zu schützen. Das macht uns nicht nur stärker, sondern auch empathischer und verständnisvoller gegenüber anderen.

Abraham versteht, was er im Äußersten tun würde, wenn Gott es von ihm verlangte. Für uns bedeutet das heute: Wir müssen uns unserer Abgründe bewusst sein und wissen, was unser Äußerstes wäre, um uns selbst und andere davor zu schützen. Zu wissen, welchen Schmerz wir bereit wären zu ertragen, gibt unserem Leben eine neue Tiefe, aber es lehrt uns auch, uns vor uns selbst zu fürchten, uns vor uns selbst in Acht zu nehmen, uns selbst vor solchen Situationen zu schützen und mit uns selbst behutsam umzugehen.

Der Schmerz von Ohnmacht und Verlassenheit – Jakob und Josef

AHMAD MILAD KARIMI

In der islamischen Tradition sind Jakob und Josef nicht nur zentrale Figuren, sondern auch Symbole des menschlichen Schmerzes und der spirituellen Heilung. Ihre Geschichte, die sowohl im Koran als auch in der Bibel erzählt wird, bietet tiefe Einsichten in die Natur des Schmerzes und wie dieser verwandelt werden kann. Die Sure »Josef« lässt sich als das geheime Zentrum des Koran lesen. Jede Sure steht für sich, hat ihren eigenen Charakter und ihre eigene Stimmung, was zur Einzigartigkeit der gesamten Schrift beiträgt. Die Josefserzählung im Koran fällt jedoch etwas aus dem Rahmen, da hier eine abgeschlossene Geschichte erzählt wird. Diese Erzählung steht isoliert und einzeln da, ohne direkte Anbindung an andere Teile des Korans.

Gott selbst tritt hier als Erzähler dieser Geschichte auf: »Wir erzählen dir die schönste der Erzählungen.«[14] Die Sure hat nicht den Anspruch, eine erfundene, fantastische Erzählung oder Heldengeschichte wiederzugeben, sondern möchte eine Erzählung sein, die Trost spendet. Dabei steckt in den unterschiedlichen Motiven, die hier zur Sprache kommen, gerade ihre Tiefe. Sie erzählt eine zeitlose Geschichte von einem Traum, der Sehnsucht einer Frau, der Trauer eines Vaters, der Einsamkeit, Verlassenheit eines Sohnes, von Neiderfahrung und Eifersucht, von Hoffnung, Geduld, Verrat und Intrige, von Vergebung und Versöhnung.

Man kann überwältigt sein von der Fülle der Motive innerhalb der Erzählung, von der Dichte und der Poesie, wenn die Stimme Gottes erklingt – leise, zerbrechlich und tragend. Und doch bleibt die Erzählung offen: Alle Daten, historischen Ereignisse und Personennamen sind anonymisiert – mit Ausnahme von Jakob und Josef.

Vater und Sohn haben eine tiefe Bindung. Jakob sieht in seinem Söhnchen einen von Gott erwählten Menschen mit einer spirituellen Schönheit, der er nicht widerstehen kann – und diese Bevorzugung gegenüber den anderen Söhnen kann er vor den übrigen Kindern nicht verbergen. Das erzeugt bei den Brüdern von Josef Schmerz. Symbolisiert wird dies durch das »Gewand«, das eigens für ihn angefertigt wird. Die Brüder überlagern ihren Schmerz mit Gefühlen von Eifersucht und Neid. Jakob steht hier am Anfang einer Geschichte, die er sozusagen selbst mit Schmerz erfüllt. Seine Söhne können nicht verstehen, warum er Josef bevorzugt, das heißt seine Kinder ungleich behandelt. Seine Liebe macht seinen Sohn zum Opfer.

Die erste tiefe Begegnung zwischen Vater und Sohn findet in einem Traum Josefs statt: »O mein Vater«, sagt er, »ich sah elf Sterne, die Sonne und den Mond, ich sah sie, wie sie sich vor mir niederwerfen.«[15] Und Jakob sagt zu Josef: »O mein Söhnchen, erzähle nicht dein Traumgesicht deinen Brüdern, sonst wenden sie an gegen dich eine List.«[16] Hier deutet Jakob den Traum seines Sohnes als eine Prophezeiung, die Schmerz hervorbringen wird. Der Vater will ihn schützen. Noch kann Josef nicht verstehen, was der Vater meint, wenn er ihm sagt: »Und so wird dich dein Herr erwählen und dich lehren zu deuten die Geschichten und vollbringen Seine Gnade an dir und an der Sippe Jakobs, so wie Er sie zuvor vollbrachte an deinen beiden Vätern, Abraham und Isaak. Wahrlich, dein Herr ist der unübertrefflich Wissende, der Weise.«[17]

Neid und Eifersucht werden bei den Brüdern größer. Wir ahnen, dass der Schmerz, den sie empfinden, zu Schlimmerem führen wird. Der Grund ist, dass sich die Brüder nicht zu ihrem Schmerz verhalten, ihn nicht zur Sprache bringen. Sie wollen den Grund nicht verstehen, warum Jakob ausgerechnet Josef bevorzugt, einen anderen Blick auf ihn hat. Sie sehen in Josef eine Gefahr für sich selbst. Angst überwältigt sie und führt zu einer wachsenden Feindseligkeit gegenüber Josef. Neid und Eifersucht, Gefühle, die wir aus unserem eigenen heutigen Leben kennen, bedeuten im Kern einen Bruch der Beziehung. Diese Emotionen münden bald in Taten, die das Leben aller nachhaltig verändern. Die Brüder beginnen, Pläne zu schmieden, um Josef loszuwerden, ohne die Konsequenzen ihres Handelns vollständig zu begreifen. Der Bruch in der Beziehung beginnt in dem Moment, in dem sie mit dem kleinen Bruder konkurrieren und die Liebe und Zuneigung Jakobs zu Josef mit der zu sich selbst vergleichen. Der Vergleich erzeugt Ferne, zerstört die Beziehung.

Josef wird zum Opfer, seine Brüder werfen ihn aus Neid in einen Brunnen. Dieser Verrat markiert den ersten tiefen Schmerz, den Josef erleidet. Der Neid seiner Brüder zeigt sich sowohl in konstruktiver als auch in destruktiver Form. Konstruktiv gesehen wünschten sich die Brüder, die gleiche Zuneigung und Zuwendung ihres Vaters zu bekommen wie Josef. Dieser Wunsch, ebenfalls bevorzugt zu werden, führt jedoch nicht zu konstruktivem Handeln. Stattdessen entwickelte sich ihr Neid destruktiv: Sie wollen, dass Josef seine bevorzugte Stellung verliert, und werfen ihn aus Missgunst in den Brunnen, um ihm zu schaden und seine Vorzugsstellung zu zerstören. Neid führt hier zu einem schweren Bruch in den familiären Beziehungen und stellt den ersten Schritt auf Josefs Weg des Leidens und der späteren spirituellen Erhebung dar. Selbst wenn der Neid der Brüder berechtigt wäre, ist nicht Josef, sondern Jakob dafür verantwortlich. Josef dürfte nicht begriffen haben, was mit ihm geschah und warum er von seinen eigenen Brüdern verstoßen wurde. Doch er verliert nicht nur die Bindung an seine Familie, sondern auch die Enge seiner Kindheit. Denn plötzlich ist er mit einer Grenzsituation konfrontiert.

Im Brunnen erlebt er Einsamkeit und Todesangst. Diese Isolation symbolisiert einen tiefen seelischen Schmerz, den viele Menschen heute kennen – das Gefühl, verlassen, eingesperrt und ohnmächtig zu sein, unverschuldet ins Abseits des Lebens geraten zu sein. Eine Dunkelheit ergreift Josef, der sich selbst nicht helfen kann in dieser Situation. »Warum sollte Josefs Seele im Brunnen klagen, vom Schicksal bedrückt?«[18], fragt Rumi, um hervorzuheben, dass wir nirgends fern von Gott sind. Für diese Erfahrung ist die Erzählung von Josef im Brunnen ein beliebtes Motiv. In diesem Moment der Verlorenheit fühlt sich Josef tief verwundet und abgeschnitten von jeglicher Unterstützung, ein Zustand, der viele Menschen in unserer heutigen Gesellschaft ebenfalls quält. Können wir überhaupt Hoffnung haben, auch dann, wenn wir wie Josef im Brunnen nur Dunkel sehen? Im Koran ist zu lesen: »In Josef und seinen Brüdern liegen Zeichen für die Fragenden.«[19]

Wir richten den Blick auf Jakob. Ihm wird das mit Blut befleckte Hemd von Josef gebracht – und dazu die Lügengeschichte, Josef wäre von einem Wolf gefressen worden. Jakob ist tief verletzt, leidet unglaublich unter dem Verlust seines geliebten Sohnes. Er drückt das Hemd auf sein Gesicht, seine Tränen fließen unaufhörlich, bis er vor Trauer erblindet. Jakobs Schmerz lässt ihn erblinden. Vater und Sohn sehen schwarz. Man fühlt sich berührt von dieser Bindung, die selbst in der Trennung ungebrochen ist.

Jakob ist zwar untröstlich, aber er entdeckt in sich ein tiefes Vertrauen, dass Josef nicht einfach gestorben ist. Er sagte, wie der Koran bezeugt: »Nein! Eingeredet habt ihr euch selbst eine Sache. Doch Geduld ist schön!«[20] Diese schöne Geduld, die Jakob hervorhebt, zeigt eine aktive Haltung im Leben: standzuhalten, als gäbe es Hoffnung. Jakobs Geduld verklärt nicht seine Liebe. Er lebt mit Josef ohne Josef. Bei dem muslimischen Mystiker Attâr heißt es: »Alles, was ist, soweit das Auge reicht, jedes Atom besteht aus einem Jakob, der nach seinem verlorenen Josef fragt. Schmerz ist nötig, auf diesem Weg, und langes Warten [...]. Geduld musst du haben, ob du willst oder nicht, vielleicht zeigt dir dann einer den Weg.«[21]

Jakob ist hier die Personifikation des Gottvertrauens. Das immunisiert nicht gegen den Schmerz, aber es lässt Jakob diesen Schmerz anders erfahren. Er vertraut nicht einfach Gott, sondern er vertraut Josef Gott an. Dort, wo er ihn nicht beschützen konnte, weiß er ihn im Schutz Gottes. Der Schmerz ist gegenwärtig, aber er lässt ihn nicht verzweifeln. »Wahrlich, mit dem Schweren kommt die Erleichterung«[22], heißt es im Koran, und dieser Trost wird wiederholt, um ihn zu bestätigen: »Ja, mit dem Schweren kommt die Erleichterung.«[23]

Doch Josef bleibt nicht im Brunnen. Er wird entdeckt, verkauft und in ein fremdes Land, nach Ägypten gebracht. Und Jakob? Der Vater erträgt den Schmerz der Trennung. Attâr sagt es eindrücklich: »Wer den Josef in sich verloren hat, hat keinen Glauben, auch wenn er ihn bekannt hat. Du beherbergst einen Josef in Ägypten in deiner Seele, und jeden Augenblick spürst du eine Brise von ihm.«[24] In Ägypten kommt Josef in das vornehme Haus eines Hofbeamten des Pharaos, wo er sich gegen den Verführungsversuch der Herrin des Hauses behaupten muss. Sie kann der Schönheit von Josef nicht widerstehen und folgt ihren Trieben. Doch Josef widersteht der Verführung, und das bringt ihm wiederum nur Schmerzen ein. Denn die Frau versucht anschließend, sich durch Lügen zu rechtfertigen. Die Fähigkeit zum Bösen gehört zu Menschen, so der Koran. Wir könnten auch sagen, dass wir alle verführbar sind, dass wir alle Schmerz verursachen können. Es geht nicht darum, eine Art Perfektion anzustreben, sondern in Berührung mit der eigenen Fehlbarkeit zu leben.

Josef wird ins Gefängnis gesteckt. Erneut fällt der Sohn Jakobs tief. Und erneut ist er unschuldig. Doch so wie er jedes Mal tiefer fällt, so ist auch sein Aufstieg immer höher. So wie Jakob es ahnte, vollzieht sich Josefs Leben in Gottes tragender Gegenwart. Jede Schmerzerfahrung lässt ihn reifen.

Im Gefängnis erlebt Josef erneut Isolation und Schmerz, doch auch hier bleibt er geduldig und standhaft. Die Zeit im Gefängnis wird zu einer Phase der inneren Reinigung und spirituellen Vorbereitung. Die Verführung und die unrechtmäßige Beschuldigung der Unzucht durch die Frau des Hofbeamten stellen weitere Prüfungen dar. Josefs Weigerung, der Versuchung nachzugeben und seine moralische Unversehrtheit trotz aller Widrigkeiten zu erhalten, inspirieren uns bis heute.

Er besteht schließlich auch diese Prüfung und wird aus dem Gefängnis entlassen, weil er durch seine Gabe, Träume zu deuten, zum Ratgeber des Pharao wird. Erneut steigt er höher auf zu einer besonderen Machtstellung in Ägypten. Doch zuvor will Josef, so wie der Koran berichtet, geklärt haben, was sich damals mit seiner Herrin wirklich ereignet hat. Und diese gesteht: »Nun ist die Wahrheit bekannt geworden. Ich versuchte ihn zu verführen, und er ist einer der Wahrhaftigen.«[25] Die besondere Pointe hier besteht darin, dass Josef nicht nur selbst wahrhaftig gewesen ist, sondern dass seine Wahrhaftigkeit und Langmut auch die Herrin verwandelt hat. Josef wirkt heilsam. Während es am Anfang seine Schönheit war, die unwiderstehlich wirkte, ist es jetzt seine Wahrhaftigkeit, der man sich nicht widersetzen kann.

Als Josef dann seine Brüder wiedersieht und sich ihnen zu erkennen gibt, zittern sie vor Angst und bekennen ebenso, dass sie ihm Unrecht getan haben: »Bei Gott! Gott hat dich bevorzugt vor uns, und wir sind die Fehlenden.«[26] Josef, der durch die Intrige der Brüder viel Schmerz ertragen musste, hätte nun die Macht, sich zu rächen, doch stattdessen sorgt er sich um sie. Er verwandelt den Schmerz der Trennung, der

Eifersucht und Schuldzuweisungen in Liebe, indem er ihnen vergibt. »Kein Vorwurf trifft euch heute. Gott vergibt euch! Er ist der Barmherzigste der Barmherzigen.«[27]

Bevor aber die frohe Botschaft Jakob erreichen kann, sagt er schon: »Wahrlich, ich spüre den Geruch Josefs, wenn ihr mich nicht für einen Verstandlosen halten würdet!«[28] Er hat nie das Vertrauen darauf verloren, dass er noch am Leben ist und er ihn wiedersehen wird. Wir können einander nicht immer schützen, wir können den Schmerz nicht vermeiden und auch nicht, dass wir Opfer von Intrigen und Unrecht werden. Aber es gibt, so lehrt uns die Geschichte von Jakob und Josef, etwas Unverlierbares, Unzerstörbares in uns, dem der Schmerz nichts anhaben kann, das uns trägt, auch dann, wenn wir im finsteren Brunnen unseres Lebens eingesperrt sind.

Jakob vergibt seinen Söhnen. Er vertraut darauf, dass nicht er selbst der Richter ist, sondern dass am Ende alle vor Gott die Verantwortung für das übernehmen müssen, was sie tun oder lassen. Und daher muss er sich nicht rächen oder Recht sprechen, sondern kann den Schmerz auch in dieser Hinsicht in Gott loslassen, es ihm überlassen, wie das zu beurteilen ist, wie damit umzugehen ist. Dadurch erkennen wir, dass die Josefserzählung uns auch heute die Augen öffnen kann.

Wenn wir die Erzählung von Jakob und Josef auf uns beziehen, dann wird deutlich, dass wir in unserem Leben Schmerzen nicht vermeiden können. Sie gehören auch zum Dasein dazu. Die Frage ist aber, wie wir damit umgehen, wie wir sie verwandeln können. Immer dann, wenn Josef mit einer Schmerzerfahrung konfrontiert war, schien sein Schicksal besiegelt: im Brunnen, im Gefängnis. Aber er hat den Glauben an Gott, das Vertrauen darauf, dass das Gute erlöst, das Wahrhaftige keine Alternative kennt, nie verloren. Attâr schreibt: »Der wahre Josef deiner reinen Seele liegt im Inneren deines im Staub gefüllten Hauses.«[29] Durch Geduld und Glaube finden wir alle letztlich Vergebung, Freundschaft und Versöhnung. Wir können, den Schmerz, der einem durch andere (wissentlich oder unwissentlich) zugefügt wird, verwandeln, indem man ihnen vergibt. Wenn man also nicht in der Opferhaltung verharrt, was den Schmerz oft immer tiefer einbrennt in die Seele, sondern sich davon befreit, indem man den Schmerz und das Unrecht loslässt, nicht zulässt, dass es einen bestimmt und auffrisst. Mit dieser Haltung, dass wir das Unrecht, was uns widerfährt, nicht immer abwenden können, aber auch nicht ihm ausgeliefert sind, wie Josef im Brunnen oder im Gefängnis, entkommen wir dem Schmerz.

Wir kommen durch Vergebung und Versöhnung wieder ins Handeln, wieder ins tätige Leben, wie vertrackt auch immer die Situation ist.

Jakobs Wiedersehen mit Josef und die Wiedervereinigung mit seiner Familie symbolisieren die Heilung und die Erfüllung, die nach Zeiten des Leidens möglich wird. Rumi bringt es auf den Punkt: »Ich war Josef im Brunnen, nun bin ich Josef in Blüte.«[30]

Der Schmerz, der aus Überforderung und Verantwortung entsteht – Mose

AHMAD MILAD KARIMI

Mose wird im Koran insgesamt 136 Mal erwähnt – so häufig wie kein anderer Prophet oder bedeutender Charakter. Das macht ihn zur am häufigsten genannten Person in der heiligen Schrift des Islam und unterstreicht seine zentrale Rolle in der islamischen Tradition und Lehre. Zudem betont es nicht nur seine Bedeutung als Prophet, sondern auch die tiefgreifenden Lehren und spirituellen Lektionen, die seine Geschichte vermitteln. Insgesamt sind die Nachrichten über ihn in 34 Suren aufgenommen.

Mose ist der Prophet, der Gesandte Gottes, der Auserwählte, der sich aber von allen anderen prophetischen Figuren unterscheidet: Er hat nicht nur eine Schrift erhalten, die Tora. Vielmehr hat er sogar die Stimme Gottes am Dornbusch, der brannte, aber nicht verbrannte, vernommen[31], weshalb er in der Geistesgeschichte des Islam den Beinamen *kalīm Allāh* (»Der, zu dem Gott spricht«) erhalten hat.

Mose ist der Prototyp eines suchenden, ruhelosen Menschen, der tief gläubig, aber voller Zweifel ist. Er fühlt sich stets überfordert, mit zu viel Verantwortung versehen, kann nicht ganz einsehen, warum er der Auserwählte sein soll.

Der Herr offenbart ihm seine Gegenwart und befiehlt: »Gehe hin zum Pharao! Denn er ist aufsässig.«[32] Mose zweifelt an und hadert mit sich, weil er nicht den Mut fassen kann, zu tun, was Gott von ihm verlangt. Er soll sein Volk aus den Fängen des tyrannischen Pharaos befreien. Aber er zögert. Mose ist uns als Mensch nicht fremd, seine Gefühle sind uns nicht unbekannt. Auch wir haben immer aufs Neue mit Herausforderungen zu kämpfen, die uns überfordern. Oder wir können uns nicht zutrauen, eine Aufgabe zu übernehmen, die uns zu groß vorkommt, weil wir meinen, uns und unsere Grenzen zu kennen. Wir erkennen durchaus Unrecht, leiden selbst darunter, aber sich dem Unrecht zu stellen, etwas dagegen zu unternehmen fällt uns schwer. Mose hat Angst vor dem mächtigen und gewalttätigen Pharao. Er sagt: »Mein Herr, weite mir meine Brust und erleichtere mir meine Angelegenheit und löse mir einen Knoten in meiner Zunge, damit sie begreifen meine Rede. Und gib mir einen Beistand aus meiner Familie, Aaron, meinen Bruder! [...]«[33] Gott scheint seine Beklemmung zu verstehen, weil er all seine Bitten erfüllt.

Was Gott aber eigentlich von ihm verlangt, ist Vertrauen. Und spätestens hier erkennen wir uns in Mose wieder, weil wir selbst gerne glauben und vertrauen *wollen*, aber in einer Welt voller Ungerechtigkeiten und Kriege, in der Armut herrscht und die oft bestimmt ist von Klimakatastrophen, sexualisierter Gewalt und der Unterdrückung von Frauen sowie alltäglichem Rassismus nicht einfach glauben und blind auf Gott vertrauen können. Wir sind wie Mose mit unseren Grenzen, mit unseren endlichen Kräften konfrontiert, die uns den Mut nehmen, uns gegen das Viele aufzulehnen, was nicht rechtens ist. Mose antwortet Gott daher, dass es ihm mit all seinen Unzulänglichkeiten nicht möglich ist, gegen den Pharao für die Befreiung seines Volkes zu kämpfen. Und doch wird er Mut fassen, sich der Ungerechtigkeit zu stellen. Mose ist insofern auch eine Motivationsfigur, ein Vorbild, das wir heute dringender benötigen als jemals zuvor. Indem wir uns unseren Ängsten und Zweifeln stellen und darauf vertrauen, dass wir die nötige Unterstützung erhalten werden, können wir den Mut finden, gegen Unrecht vorzugehen und Veränderungen hin zum Guten herbeizuführen.

Eigentlich hatte Mose nicht nach mehr gefragt. Aber der Koran lässt uns an einer seiner Erfahrungen teilhaben, die zeigt, wie sich der Schmerz, den wir so oft erleiden, aber nicht begreifen, verwandeln kann.

Mose braucht Zuversicht und Selbstvertrauen. Und einen Bruder, einen Beistand. Der Ewige gewährt ihm seine Bitte, schenkt ihm aber zugleich eine spirituelle Kraft, die er nicht erwartet hätte. Gott erinnert Mose daran, dass es nicht das erste Mal ist, dass er bei ihm ist, dass er ihn trägt und beschützt. Und dann hört Mose die Geschichte seiner eigenen Kindheit: dass sein Leben bedroht war, als der Pharao befahl, alle neugeborenen Jungen der Israeliten zu töten. Inmitten dieser Gefahr setzte ihn seine Mutter in einen Kasten und warf ihn ins Meer, so hört es Mose von Gott. Denn er selbst hatte das seiner Mutter eingegeben: »›Wirf ihn in einen Kasten und wirf ihn ins Meer, damit ihn ans Ufer werfe das Meer, und ihn aufnehme ein Feind von Mir und ihm.‹ Und geworfen habe Ich auf dich Liebe von Mir, damit du aufgezogen würdest unter Meinem Auge.«[34] Eine zutiefst schmerzliche Erfahrung, die seine Kindheit bestimmt und sein Leben nachhaltig geprägt hat, wird ihm zur Stütze für seinen Kampf gegen den Pharao.

Die Tatsache, dass Mose als Säugling einer existenziellen Bedrohung ausgesetzt war und dennoch von Gott gerettet und beschützt wurde, dient ihm nun als kraftvolle Erinnerung an Gottes immerwährende Gegenwart und Unterstützung. Diese tief verwurzelte Erfahrung von Schutz und göttlicher Liebe gibt Mose das Vertrauen und den Mut, den er benötigt, um sich dem Pharao zu stellen. Mose lernt, dass der Schmerz und die Angst seiner Kindheit einer tiefen Sinnstiftung in seinem Leben dienten. Der göttliche Schutz, den er damals erlebte, wird zur Quelle seiner inneren Stärke. Indem Mose erkennt, dass Gott ihn schon immer begleitet und beschützt hat, verwandelt er den Schmerz aus der Vergangenheit in eine spirituelle Ressource, die ihm hilft, die gegenwärtigen Herausforderungen zu meistern.

Hier öffnet sich nicht nur Mose für den Schmerz, sondern der Schmerz öffnet sich ihm eine neue Perspektive und verliert dabei seine negative Wirkung. Die Geschichte bleibt als eine universelle menschliche Erfahrung von existenzieller Bedrohung und Verlust eine Schmerzerfahrung, aber sie zeigt auch eine Vertiefung menschlicher Existenz, die als solche gegen eine reduktionistische und vereindeutigende Bedeutung des Schmerzes gelesen werden kann. Sie lehrt uns, dass unsere eigenen Schmerzerfahrungen und Herausforderungen oft tieferen Sinn und Bedeutung haben, auch wenn sie zunächst unverständlich erscheinen. Indem wir auf unsere vergangenen Erfahrungen zurückblicken und erkennen, wie sie uns geformt und gestärkt haben, können wir die Kraft und das

Vertrauen gewinnen, die wir brauchen, um gegenwärtige und zukünftige Herausforderungen zu bewältigen. Jeder Schmerz wird verhärtet und verfestigt, beherrschend und destruktiv, wenn er nicht mit uns wächst, wenn er nicht mehrdeutig wird. An den Erfahrungen Mose wird deutlich, dass Schmerz und Leid nicht das Ende sind, sondern oft der Beginn einer tiefgreifenden spirituellen Transformation. Indem wir den Schmerz annehmen und als Teil unseres spirituellen Weges betrachten, können wir ihn in eine Quelle der inneren Stärke und Heilung verwandeln. Daraus wird auch deutlich, dass wir uns für das Gute stark machen und mehr bewegen können, als wir denken, wenn wir bereit sind, uns den Schmerzen dieser Welt, aber auch uns selbst zu stellen, unsere inneren Hürden zu überwinden. Wir lernen mit Mose, dass keine Instanz, keine gewalttätige und diskriminierende Macht mächtig genug ist, uns davon abzuhalten, wenn wir den Mut finden, unsere eigenen Grenzen zu überwinden.

Der schmerzliche Kampf von Mose gegen den Pharao ist komplex und mit vielen Schwierigkeiten verbunden, denen sich Mose stellen muss. Da ist zunächst die Geschichte der Zauberer des Pharaos, wie sie im Koran und in der Bibel (Exodus 2,10–12) geschildert wird. Mose ist erschrocken, als er sieht, dass die Zauberer »ihre Stricke und Stäbe«[35] auf den Boden werfen und es ihm vorkommt, als würden sie sich bewegen. Doch die Eingebung Gottes veranlasst ihn, seinen eigenen Stab, den er in der rechten Hand hält, ebenfalls auf den Boden zu werfen. Plötzlich zu einer Schlange verwandelt, verschlingt der Stab alle Blendwerke der Zauberer. »Da warfen sich nieder die Zauberer. Sie sagten: ›Wir glauben an den Herrn von Aaron und Mose.‹«[36] Wir haben, bildlich gesprochen, alle den

Stab des Mose in der Hand. Wir sehen ihn, aber wir erkennen nicht, was er in Wahrheit ist, welch großes Werkzeug wir besitzen. Stattdessen heißt es: »Mose ergriff Furcht in seiner Seele.«[37] Mit Gott erkennt Mose, dass er jede List entlarven kann und dass er das Heilmittel bei sich trägt. Die Furcht zu verwandeln, bedeutet zu erkennen, dass Gott mit mir ist. Denn die Heilung erwächst aus dem Schmerz heraus. Der Stab ist demnach ein Symbol dafür, dass wir über einen Willen verfügen, der stärker ist als jede Ungerechtigkeit, die uns einschränkt und weniger Mensch sein lässt.

Der Pharao verweigert den Israeliten den Auszug aus seinem Land und stellt ihnen weiter nach, doch Mose zweifelt nicht, verzweifelt nicht, sondern bittet um den Beistand Gottes. Und so gelingt es schließlich, das Exil, das Land, in dem sie gefangen waren, hinter sich zu lassen. Doch kaum sind die Israeliten frei, wenden sich einige von Gott ab und dem Götzendienst zu. Daher ist der Auszug aus Ägypten für Mose nicht nur mit dem Gefühl von Freiheit und Stolz, sondern auch mit Schmerzerfahrungen verbunden, weil er nicht verhindern konnte, dass sich Menschen aus seinem Volk dem Götzendienst zuwandten. Diese Geste der Undankbarkeit gegenüber einem Gott, der sie aus der Knechtschaft in Ägypten befreite, erschütterte Mose und erfüllte ihn mit Zorn. Und trotzdem bittet Mose Gott um Vergebung der Sünden seines Volkes. Er schreibt die Verfehlung seiner Leute nicht fest, indem er sie auf diese Verfehlung reduziert. Mose verwandelt den Schmerz der Undankbarkeit und Ungeduld in eine neue Bindung zu Gott.

Im Koran steht bei dieser Erzählung nicht im Vordergrund, dass es um die Befreiung eines auserwählten Volkes geht, wie das im Judentum als das zentrale Moment jüdischer Selbstvergewisserung der Fall ist. Es geht vielmehr um die Rettung einer Gemeinschaft aus der Unterdrückung und um die Stärkung des Menschen in der Überzeugung, gegen seine eigene Verzagtheit jede Finsternis durchbrechen zu können. Insofern gewinnt der Exodus im Koran eine universelle Bedeutung, denn es geht um die Befreiung aller Menschen aus der Repression, die sich in unterschiedlicher Weise ausdrückt. Die Enge, die Mose in seiner Brust spürte, wird in die Weite der Befreiung seines Volkes verwandelt. Das Gebet des Mose, als er hört, dass er sein Volk aus der versklavenden Macht des Pharaos befreien soll – »Mein Herr, weite mir meine Brust«[38] –, hat eine individuelle Note, der wir auch heute gut nachspüren können. Denn jede Aufgabe, die uns gestellt wird – zumal, wenn es eine große ist –, führt zunächst zu einer Enge in der Brust, zur inneren Beklemmung. Dieses Gefühl der Enge und Unsicherheit kennen wir alle, wenn wir vor großen Herausforderungen stehen und nicht sicher sind, wie wir sie bewältigen sollen. Wir müssen oft zuerst die enge Brust innerlich lösen, bevor wir uns nach außen hin der Aufgabe widmen können. Dieser innerliche Prozess der Weitung und Öffnung ermöglicht es uns, die notwendige Klarheit und Kraft zu finden, um die Herausforderungen anzugehen und zu bewältigen.

Jeder Schmerz ist zunächst nach innen gerichtet und nimmt unsere innere Landschaft in Anspruch. Die versklavende Enge, der sein Volk ausgesetzt ist, spürt Mose in sich selbst. Er hält sich in dieser Enge seinem Gott hin. So ist jede große Aufgabe zunächst eine Aufgabe der inneren Befreiung von uns selbst, bevor sie sich in äußere Handlungen umsetzen lässt. Mose fühlt den Schmerz seines Volkes in seiner eigenen Brust. Seine Bitte, die Brust zu weiten, zeigt, dass er diesen Schmerz intensiv und persönlich wahrnimmt. Er trägt das Leid seines Volkes in sich, was ihn auf besondere Weise mit ihrem Schicksal verbindet. Kein Schmerz bleibt äußerlich, oberflächlich, wenn er verwandelt werden soll. Wir sind vom Schmerz immer im Inneren betroffen, weil der Schmerz auch eine existenzielle Tiefe hat.

Der Schmerz von Verrat und Neid – David

ANSELM GRÜN

David wird im Alten Testament immer wieder als Idealbild eines Königs und zugleich als Harfenspieler und Psalmendichter besungen. Doch sein Leben lief nicht so glatt, wie es die Nachwelt verklärend dargestellt hat. David hatte seine menschlichen Schwächen. Und er erlebte auch immer wieder tiefe Schmerzen.

Die erste Leiderfahrung, die David macht, ist der Neid, den er vonseiten des Königs Saul zu spüren bekommt. David hatte sein Leben im Kampf gegen den Riesen Goliat aufs Spiel gesetzt und Israel vor den Philistern errettet. Doch als man David mehr Loblieder singt als Saul, wird dieser eifersüchtig und neidisch. David wird an den Hof Sauls geholt, um dessen Depressionen durch das Harfenspiel zu vertreiben. Doch Saul lohnt ihm seine treuen Dienste mit Hass und Neid. Zwei Mal versucht er, David mit dem Speer zu ermorden.

David ist zudem mit Jonatan, dem Sohn Sauls, eng befreundet: »Jonatan liebte David wie sein eigenes Leben« (1 Samuel 18,1). Als Saul merkt, dass sein Sohn mit David einen Freundschaftsbund geschlossen hat, wird er noch eifersüchtiger und zorniger. David leidet unter der Feindschaft, die ihm

Saul entgegenbringt, denn er schätzt ihn weiterhin als seinen König.

Im Kampf mit den Philistern, an dem David nicht teilnehmen darf, fallen sowohl Saul als auch Jonatan. Da stimmte David eine herzzerrreißende Totenklage an. Er besingt darin auch Saul, der doch eigentlich sein Feind war: »Ihr Töchter Israels, weint um Saul; er hat euch in köstlichen Purpur gekleidet, hat goldenen Schmuck auf eure Gewänder geheftet« (2 Samuel 1,24). Im Tod hört die Feindschaft auf. David sieht nur noch das Positive an Saul und vergisst alles Leid, das dieser ihm zugefügt hat.

Der Tod seines Freundes Jonatan trifft David bis ins Mark. Er singt eine ergreifende Klage über ihn: »Weh ist mir um dich, mein Bruder Jonatan. Du warst mir sehr lieb. Wunderbarer war deine Liebe für mich als die Liebe der Frauen« (2 Samuel 1,26). Man spürt, wie tief die Liebe zu Jonatan war, mit dem David sich so gut verstanden hat. Jetzt ist er untröstlich über den Verlust des Freundes.

Der Schmerz Davids, den ich betrachten möchte, ist der Schmerz über seine eigene Schuld, die er auf sich geladen hat, als er die Frau eines seiner Soldaten begehrt: David sieht die Frau des Hetiters Urija eines Abends beim Baden. Er lässt sie zu sich bringen und schläft mit ihr. Damit man das Kind, das er dabei zeugt, nicht ihm zurechnet, lässt er den Hetiter Urija vom Krieg heimrufen. Doch Urija fühlt sich als Soldat, der während des Krieges nicht heimkehrt, um mit seiner Frau zu schlafen. Als Urija also in der Kaserne übernachtet und am nächsten Tag in den Krieg zurückkehrt, gibt David ihm einen

Brief mit an den Heerführer Joab: Er soll Urija in die vorderste Schlachtreihe stellen, damit er so den Tod findet. David versucht hier, seine Schuld zu verwischen. Doch der Prophet Natan hält ihm den Spiegel vor, indem er ihm ein Gleichnis von einem Mann erzählt, der seinem Freund das einzige Schaf wegnahm, um es zu schlachten. Als David sich über das Verhalten dieses Mannes erzürnt und meint, dieser verdiene den Tod, sagt Natan: »Du selbst bist der Mann« (2 Samuel 12,7). Da bekennt David: »Ich habe gegen den Herrn gesündigt« (2 Samuel 12,13). David fastet aus Reue und legt sich nachts auf die bloße Erde, um Buße zu tun. Er spürt, dass er nicht nur gegen Gott gesündigt, sondern auch sein Volk tief enttäuscht hat. Sein Volk war ihm dankbar für die militärischen Erfolge und sein Wirken als König. Doch nun entpuppt er sich als Ehebrecher und Mörder. David muss sich seiner Wahrheit stellen und voller Schmerz seine Schuld bereuen. Und er muss es aushalten, dass die Menschen ihn als König nicht mehr achten. Später wird ihm Schimi, ein Mann aus der Sippe Sauls, seine Sünden vor Augen halten, indem er ihn verflucht: »Verschwinde, verschwinde, du Mörder, du Niederträchtiger!« (2 Samuel 16,7).

Wir können uns vorstellen, was passiert, wenn in unserer Zeit ein Prominenter, den die Medien als vorbildlichen Menschen darstellen, einen Fehler macht. Er wird nicht nur seinen Fehler bereuen und versuchen, ihn wiedergutzumachen. Er wird auch das Gefühl haben, dass sein Image für immer dahin ist. Sein Ansehen schwindet, und jetzt fallen alle ein in die Verurteilung dieses Menschen. Wir haben das bei Franz Beckenbauer erlebt. Zunächst wurde er als »Kaiser« gepriesen, der wunderbar Fußball gespielt und als Trainer die Nationalmannschaft zum Weltmeistertitel geführt hatte. Doch dann gab es eine Affäre um sechs Millionen Euro, die nicht rechtmäßig geflossen sind, und er wurde in den Medien deshalb verurteilt. Er wurde krank, zog sich aus der Öffentlichkeit zurück. Sein Ruf war ruiniert. Erst bei seinem Tod schwenkten die Medien plötzlich um und lobten seine Verdienste. Keiner wollte mehr an seiner Verurteilung schuld sein, alle übertrafen sich mit Lobeshymnen. David stellt uns das Leid über ein öffentliches Versagen vor Augen, das heute vielleicht noch schmerzlicher empfunden wird als zur damaligen Zeit. Nach seiner Reue und Buße galt David weiterhin als erfolgreicher König in Israel. Sein Volk hatte ihm seinen Fehltritt verziehen.

Der dritte Schmerz, den ich betrachten möchte, ist der über das Verhalten seiner beiden Söhne. Zunächst leidet David am Verhalten von Amnon, der seine Schwester Tamar vergewaltigt. Das erzürnt seinen Bruder Abschalom so sehr, dass er Amnon umbringt. David leidet also an der Feindschaft seiner Söhne und am Brudermord. Er vergibt Abschalom, doch der lässt sich zum König ausrufen und zieht mit den Israeliten gegen die Getreuen Davids zu Felde. David muss aus Jerusalem fliehen. Sein Glück scheint sich völlig zu wenden. Doch dann bleibt Abschalom, als er mit seinem Maultier durch den Wald reitet, mit seinen langen Haaren an einer Eiche hängen. Davids Heerführer Joab tötet ihn. Ein Bote meldet David den Sieg seines Heeres und den Tod Abschaloms, der ihm nach dem Leben trachtete. Doch David schreit auf und ruft immer wieder: »Mein Sohn Abschalom, mein Sohn, mein Sohn Abschalom! Wäre ich doch an deiner Stelle gestorben« (2 Samuel 19,1). Seine Gefolgsleute sind enttäuscht, dass David ihnen nicht für ihren Kampf dankt, sondern nur um seinen Sohn trauert. In dieser schwierigen Situation probt auch ein anderer Mensch den Aufstand: Scheba, den die Bibel »niederträchtig« nennt. Die Herrschaft Davids wird also brüchig. Doch Joab rettet das Heer Davids vor den Feinden.

Da ist also zum einen der Schmerz darüber, wie schnell eine glorreiche Herrschaft plötzlich ihre Macht verliert. David hat das Reich mit viel Energie regiert. Doch am Ende wird alles brüchig, und der Schmerz ist groß, dass der, der ihn zu Fall bringt, aus der eigenen Familie kommt. Der Psalmist kennt dieses Leid, wenn es nicht der Feind ist, der uns bedroht und bedrängt, sondern der Freund: »Denn nicht ein Feind beschimpft mich, das könnte ich ertragen; nicht einer, der mich hasst, tritt groß gegen mich auf, vor ihm könnte ich mich verbergen. Nein, du bist es, ein Mensch mir gleich, mein Freund und mein Vertrauter. Wir haben unsere Vertrautheit genossen, wir gingen im Haus Gottes umher in wogender Menge« (Psalm 55,13–15). Es ist der Schmerz über den Vertrauensbruch des Freundes, dass der Freund plötzlich zum Feind wird. Eine Erfahrung, die uns heute auch nicht fremd ist, wenn sich ein Freund plötzlich ganz anders verhält, ja, einem voller Hass begegnet. Eine Frau erzählte mir, dass ihre beiden Brüder, denen sie immer geholfen hatte, sich auf einmal gegen sie verbanden, sie mit Hass verfolgten und völlig aus der Familie ausschlossen. Auch ihre Nichten und Neffen, mit denen sie immer guten Kontakt hatte, entfremdeten sie ihr. So ähnlich mag es David ergangen sein: Er erlitt die bittere Enttäuschung, dass er sich auf seine eigene Familie nicht verlassen konnte.

David kann die schmerzliche Situation überwinden, indem er sowohl seine Nöte und Ängste als auch die Hilfe Gottes in einem Lied besingt: »Ich rufe: Der Herr sei gepriesen! Und ich werde vor meinen Feinden gerettet ... Er entriss mich meinem mächtigen Feind, meinen Hassern, denn sie waren stärker als ich. Sie überfielen mich am Tag meines Unheils, doch der Herr wurde mir zur Stütze. Er führte mich hinaus ins Weite, er befreite mich, denn er hatte an mir Gefallen« (2 Samuel 22,4.18–20). David hatte immer gute Freunde, die zu ihm standen und ihn als König verteidigten. Doch sein eigentlicher Halt war Gott. Er ist sein Fels mitten in der Unsicherheit und in den Rebellionen gegen sein Königtum. David muss die schmerzliche Erfahrung machen, dass die Menschen ihm auf einmal nicht mehr danken, was er für sie getan hat. Sie lassen sich von Abschaloms Parolen verleiten, der sich beliebt macht auf Kosten seines Vaters. Politiker müssen oft die schmerzliche Erfahrung machen, dass die eigenen Gefolgsleute ihren Vorsitzenden stürzen und gegen ihn kämpfen. Aber das gilt nicht nur für die Politik, sondern auch für die Vorstände einer Firma, die plötzlich Gegenwind spüren und deren Verdienste nicht mehr zählen. Es gilt aber auch für die Familie, in der jemand Gift streut zwischen die Geschwister. Ein Mann erzählte mir, sein Schwager hetze seine Schwester und die anderen Geschwister gegen ihn auf, und er habe keine Chance, sich zu rechtfertigen. Alles, was er sagt, werde falsch ausgelegt.

Es gibt unterschiedliche Heilmittel für diese drei Arten von Schmerz, wie sie uns die Daviderzählung ausführlich schildert. Den Schmerz, dass die Menschen, für die ich mich einsetze und denen ich viel Gutes tue, mir mit Neid begegnen, kann ich wie David dadurch überwinden, dass ich nicht auf den Neid reagiere, sondern die Neider dennoch freundlich behandle – so wie David weiterhin für Saul auf der Harfe gespielt hat, um ihm seine Depression zu vertreiben. David reagiert nicht mit Feindschaft gegenüber dem Neider, sondern mit Freundlichkeit und mit der Hoffnung, den Neid des anderen umwandeln zu können. Doch den Neid können wir selbst nicht auslöschen. Es ist die Verantwortung des Neiders, sich nicht davon bestimmen zu lassen. Eine Form des Neids ist, den anderen zu entwerten. Da gilt es, sich nicht entwerten zu lassen, sondern einfach den guten Erfahrungen zu trauen, die andere Menschen mit mir machen, und den Neid einzelner Menschen als deren eigenes Problem zu erkennen.

Der Schmerz über das Schuldigwerden drückt sich oft in einem Schamgefühl aus. Ich schäme mich, dass ich, der ich nach außen hin als guter Mensch gelte, einen Fehler gemacht und Schuld auf mich geladen habe. David überwindet das Schamgefühl, indem er öffentlich seine Schuld bekennt, sie bereut und seine Umkehr und Buße vor den Menschen sichtbar werden lässt. Er überwindet seinen Schmerz durch das Vertrauen, dass Gott ihm seine Schuld vergeben hat und immer wieder vergibt. Wir können die Schuld nur überwinden, indem wir in aller Demut dazu stehen und versuchen, sie durch anderes Verhalten wiedergutzumachen.

Der Schmerz über den Verrat durch Familienmitglieder oder Freunde lässt sich durch Gespräche oft nicht überwinden. David hatte freundlich mit Abschalom gesprochen, doch der intrigierte dennoch weiter gegen ihn. David überwindet den Verrat letztlich spirituell. Das ist keine Flucht vor dem Schmerz. Er hat nur erkannt, dass ein Gespräch mit dem Verräter nichts bringt. Diesen Schmerz können wir nur überwinden, indem wir durch ihn hindurch zum Grund unserer Seele gelangen, zu dem die Schmerzen keinen Zutritt haben, wo uns niemand verletzen kann. Wir brauchen unseren Grund in Gott, damit die Erschütterung und Haltlosigkeit, die wir im Verrat erfahren, uns nicht den Boden unter den Füßen wegziehen. Aus den Händen Gottes können wir nicht fallen. Auch wenn manche Menschen uns ihre bergende und liebevolle Hand entzogen haben, zieht er seine schützende Hand nicht zurück.

Der Schmerz der Verblendung und der Entfernung von sich selbst – Salomo

AHMAD MILAD KARIMI

Zwei Figuren, die nicht nur sowohl im Koran wie in der Bibel eine große Rolle spielen, sondern beinahe sprichwörtlich geworden und damit auch heute noch präsent sind, sind die beiden Könige David und Salomo. Salomo (arab. *Sulaymān*) beerbt seinen Vater David. Und er wird im Koran und weit mehr noch innerhalb der islamischen Frömmigkeitstradition vielfach bedacht und als Prophet gewürdigt. Weisheit und Gerechtigkeit zeichneten ihn aus. Der Koran erwähnt ihn häufig und lobt ihn als göttlichen Boten und gerechten Herrscher. Doch sein Leben ist geprägt von magischen Kräften: Gott soll ihm Einsicht[39] und sogar die Fähigkeit verliehen haben, die Sprache der Vögel, Tiere und Geister (Dschinn) zu verstehen.[40] Ein starker Wind soll unter seinem Befehl gestanden haben.[41] Der Wiedehopf[42] soll ihm Nachrichten der Königin von Saba gebracht haben und so weiter.

Im Vers 34 der Sure 38 des Korans befindet sich ein Hinweis, der die islamische Tradition vielfach beschäftigt hat: »Und wahrlich, geprüft haben Wir Salomo und gesetzt haben Wir auf seinen Thron einen Körper. Da kehrte er um.« Wie sein

Vater David wird auch Salomo von Gott geprüft. Ihm wird seine Königswürde zeitweise entzogen. Der Grund für diese schmerzliche Erfahrung ist nicht eindeutig aus dem Text herauszulesen. Ihm wird zum einen eine gewisse Nachlässigkeit im Gebet vorgeworfen, zum anderen, dass er in seinem Haus Götzendienst geduldet habe. Er soll zum Beispiel aufgrund seiner Leidenschaft für Pferde das Abendgebet vergessen haben. Seine Herrscherautorität wird dabei verknüpft mit einem sagenumwobenen Ring, der als Symbol für eben diese Autorität gilt. Aber er verliert diesen Ring. Er wird ihn erst dann wiederfinden, wenn er sich seiner Verfehlung gestellt hat – vierzig Tage soll er sich schmerzerfüllt Gott zugewandt haben.

Der Schmerz beginnt bei ihm selbst, denn Salomo wird in allen Legenden rund um seine Prüfung als im Kern verblendet dargestellt. Er vergisst Gott. Wenn er das Abendgebet nicht spricht, dann geschieht dies nicht aus der Absicht heraus, sich gegen seinen Schöpfer zu stellen, weil er das Abendgebet für überflüssig erachtet. Stattdessen soll Salomo sich in seiner Leidenschaft für die Pferde verloren haben. Nicht unsere Leidenschaften sind das Problem, sondern die Tatsache, dass wir die Achtsamkeit für den Augenblick, die Aufmerksamkeit für uns selbst verlieren.

Eine weitere Geschichte erzählt von Salomos schöner Ehefrau, die vorgab, an den einen Gott zu glauben, aber vierzig Tage lang ein Bildnis bzw. eine Skulptur ihres ermordeten Vaters anbetet. Salomo, der weiseste aller Könige, übersieht die Götzenanbetung in seinem eigenen Haus. Als er es in Erfahrung bringt, weiß er, dass es hier nicht nur um ein Versäumnis in seiner Rolle als Ehemann und Herrscher geht, sondern auch um ein Versäumnis gegenüber Gott. Der Schmerz, der daraus entsteht, ist sowohl persönlicher als auch spiritueller Natur. Es ist der Schmerz der Entfremdung von Gott und die Erkenntnis, dass seine Weisheit und Macht nicht unfehlbar sind. Dies führt nicht nur zu einem Bruch in der Beziehung zu seiner Frau, sondern auch zu einer tiefen spirituellen Krise. Der Schmerz dieser Entdeckung zwingt ihn, seine eigenen Fehler und Versäumnisse anzuerkennen und zu verstehen, dass sich seine Frau ihm gegenüber verstellt hat.

In einer anderen Geschichte geht es um eine tiefere Prüfung, denn hierin wird Salomos Verblendung deutlich: Er vertraut nicht auf Gott, sondern ist von der Furcht vor dem Bösen besessen. Als ihm ein Sohn geboren wird, beschließen die Dämonen, diesen zu töten oder in den Wahnsinn zu treiben. Als Salomo davon erfährt, ergreift ihn Angst, und er befiehlt den Winden und Wolken, seinen Sohn davonzutragen und so von ihm den Schaden abzuwenden, der auf ihn wartet. Da bestraft ihn Gott: Sein Sohn stirbt, weil er sein Vertrauen nicht auf ihn gesetzt hat. Zudem verliert er seinen Ring, ein Dämon findet ihn und herrscht an seiner Stelle, während Salomo unerkannt umherirrt.

Noch eine Erzählung ist in diesem Zusammenhang wichtig. Sie berichtet davon, dass Salomo geprahlt habe, er werde tausend Söhne von tausend Frauen bekommen. Tatsächlich bekam er nur einen einzigen Sohn, der nur eine Hand, ein Bein, ein Ohr und ein Auge hatte. Salomo ist verblendet durch seine Macht und wird daraufhin schmerzlich mit seiner Sterblichkeit und Begrenztheit konfrontiert. Der Prophet Muhammad soll über diese Geschichte gesagt haben, dass Salomo versäumt habe, bei seinem Wunsch nach den vielen Nachkommen »so Gott will« anzufügen.

Jede Verblendung Salomos erzählt von einer Schmerzerfahrung, alle bergen aber eine tiefere spirituelle Bedeutung in sich. Die Prüfungen führen Salomo zu einer neuen Selbsterkenntnis und einer Rückbesinnung auf Gott. In jeder Verblendung ist die Einsicht zu entdecken, dass Salomo nicht einfach bereut, was er falsch gemacht hat, sondern erkennt, dass seine Wünsche nicht das waren, was man sich wünschen sollte. Darin besteht die eigentliche Pointe und darin ist auch der Grund zu finden, warum sich seine Schmerzerfahrungen schließlich verwandeln. Hinter dem Wunsch, 1.000 Kinder zu bekommen, steht der Trugschluss, dass man Kinder quantifizieren könne, dass es also um die Anzahl und nicht um die Persönlichkeiten, die einzelnen Menschen geht. Das körperlich entstellte Kind lässt Salomo erkennen, dass es immer um das eine Kind geht, um die Qualität des einen Lebens.

Mit Salomo erkennen wir, dass Demut und Selbstvergessenheit zusammengehören. Es ist eine Erinnerung daran, dass menschliche Arroganz und Hybris stets eine Grenze haben. Der Schmerz, den Salomo durch diese Prüfung erfährt, ist tiefgreifend – und transformativ. Er lernt, dass wahre Weisheit und Macht nur durch die Anerkennung der eigenen Schwächen und Achtsamkeit für die eigene Grenze erreicht werden können. Rumi drückt es treffend aus: »Wir haben Salomos Ring überall gesucht; wir haben ihn in der Armut gefunden.«[43]

Die Prüfungen, die Salomo auferlegt werden, sind nicht nur Geschichten über persönliche und spirituelle Fehler. Sie sind tiefgehende Lektionen darüber, wie leicht es ist, sich von Gott und von sich selbst zu entfernen. Salomos Verblendungen – sei es durch Leidenschaft, Nachlässigkeit oder Hybris – führen ihn immer wieder zurück zu der Erkenntnis, dass wahre Stärke und Weisheit nur durch die Verbindung zu Gott und die Achtsamkeit im eigenen Handeln entstehen. Jede dieser Prüfungen zeigt, dass Schmerz oft der Weg zur Heilung ist, und dass nur durch das Erkennen und Überwinden unserer Verblendungen echte spirituelle Reife erreicht werden kann. Im Koran ist diese Reife angedeutet, wenn es am Ende des oben zitierten Verses heißt: »Da kehrte er um.«

Der Schmerz über Lebenskatastrophen und Verluste – Hiob

ANSELM GRÜN

Die biblische Geschichte von Hiob ist noch immer faszinierend – auch weil das Buch in sich so abgeschlossen ist und in Ausdrücken wie einer »Hiobsbotschaft« auch im heutigen Sprachgebrauch noch lebendig ist. Hiob war ein gottesfürchtiger und gerechter Mann, aber er war auch reich und glücklich. Es wird erzählt, dass Satan ihm mit der Erlaubnis Gottes seinen ganzen Besitz rauben und alle seine Söhne und Töchter sterben lassen darf. Hiob lässt trotz des schmerzlichen Verlustes nicht von seinem Vertrauen auf Gott ab. Er reagiert mit dem berühmten Satz: »Der Herr hat gegeben, der Herr hat genommen; gelobt sei der Name des Herrn« (Hiob 1,21). Im Gespräch mit dem Satan verweist Gott darauf, dass Hiob auch jetzt gerecht bleibt. Doch der Satan meint, wenn es um seine Haut, um seine Gesundheit ginge, dann würde Hiob auch Gott lästern und sich von ihm abwenden. Gott gibt ihm also auch noch die Erlaubnis, Hiob gesundheitlich anzugreifen und damit auf die Probe zu stellen. Hiob bekommt ein bösartiges Geschwür »von der Fußsohle bis zum Scheitel« (Hiob 2,7), doch auch dadurch lässt er sich nicht von seiner Treue zu Gott abbringen. Seine Frau hält ihm entgegen: »Hältst du immer noch fest an deiner Frömmigkeit? Lästere Gott und stirb!« (Hiob 2,9). Hiob leidet darunter, dass selbst seine Frau ihn nicht versteht und ihn alleinlässt in seinem Schmerz über den Verlust seiner Kinder und seiner Gesundheit.

Nun besuchen ihn drei Freunde, »um ihm ihre Teilnahme zu bezeigen und um ihn zu trösten« (Hiob 2,11). Sie halten sieben Tage und Nächte schweigend bei ihm aus. Doch dann beginnt Hiob seine schmerzvolle Klage. Er verflucht seine Geburt und meint, es wäre besser gewesen, er wäre nicht zur Welt gekommen. Seine Freunde antworten ihm voller Unverständnis. Sie werfen ihm vor, er hätte früher andere Menschen unterwiesen, doch jetzt, da ihn das Leid getroffen habe, gäbe er auf. Und sie belehren ihn, dass kein Leid den Menschen ohne eigene Schuld trifft. Gegen diese damals wie heute weit verbreitete Ansicht wehrt sich Hiob. Auch heute noch sehen manche Menschen die Ursache von Krankheit oder Leid in einem Fehlverhalten des Betroffenen. Theologisch argumentieren sie damit, Gott würde ihn strafen wegen seiner Schuld. Psychologisch deuten sie es nach dem kausal-reduktiven Erklärungsmodell von Sigmund Freud, der jede Krankheit auf eine Ursache zurückführt. Das mag manchmal stimmen. Doch wenn ich dieses Prinzip verallgemeinere, vermittle ich jedem Kranken: Du bist selbst schuld an deiner Krankheit, weil du falsch gelebt hast, weil du dich falsch ernährt hast, weil du dich selbst ablehnst.

Doch immer, wenn sich jemand eine Theorie über meine Krankheit oder mein Leid zurechtlegt, weigert er sich, sich auf mich persönlich einzulassen. Er hält gleichsam die Theorie über mein Leid zwischen sich und mich. Er fühlt nicht wirklich mit mir. Er deutet meine Krankheit und mein Leid und lässt mich mit seiner Deutung allein. Er zeigt kein Mitgefühl und vermittelt mir Schuldgefühle.

Gegen diese verletzende Sicht seiner Freunde wehrt sich Hiob. Er verteidigt sich. Wir wundern uns heute, mit welcher Überzeugungskraft er daran festhält, gerecht vor Gott gelebt zu haben. Es kann nicht seine Schuld sein, dass dieses Leid über ihn gekommen ist. Doch immer wieder drückt er seinen Schmerz in drastischen Bildern aus: »Die Pfeile des Allmächtigen stecken in mir, mein Geist hat ihr Gift getrunken, Gottes Schrecken stellen sich gegen mich« (Hiob 6,4). Er deutet sein Leiden als von Gott verfügt. Doch er kann nicht verstehen, dass er ihn so mit Schmerzen schlägt. So klagt er über sein Schicksal und wendet sich an Gott mit seiner Klage. Er bricht die Beziehung zu ihm nicht ab. Ihm tut es gut, sein Leid vor Gott und vor den Menschen mit Worten auszubreiten: »Zum Ekel ist mein Leben mir geworden, ich lasse meiner Klage freien Lauf, reden will ich in meiner Seele Bitternis« (Hiob 10,1). Doch die Freunde versuchen ihn immer wieder von ihrer Theorie zu überzeugen, er müsse irgendeine Schuld auf sich geladen haben, die sein Leid verursacht hat. Hiob wendet sich gegen das Unverständnis seiner Freunde: »Ihr aber seid nur Lügentüncher, untaugliche Ärzte allesamt« (Hiob 13,4) und er nennt sie »leidige Tröster« (Hiob 16,2).

In immer neuen Bildern drückt Hiob sein Leid aus: »Mein Geist ist verwirrt, meine Tage sind ausgelöscht, nur Gräber bleiben mir. Wahrhaftig, nur Spott begleitet mich. In ihren Bitterkeiten verbringt mein Auge die Nacht« (Hiob 17,1f). Seine Pläne sind zunichte, er hat alle Hoffnung verloren. Für ihn ist es Gott selbst, der ihn niederdrückt. Und so wendet er sich immer wieder an ihn mit seiner Klage. Sein Schmerz wird durch das Unverständnis seiner Freunde noch stärker. Früher war Hiob anerkannt und glücklich: »Hörte mich ein Ohr, pries es mich glücklich, das Auge, das mich sah, stimmte mir zu. Denn ich rettete den Armen, der schrie, die Waise, die ohne Helfer war« (Hiob 29,11f). Doch jetzt ist er dem Spott des Pöbels preisgegeben.

Als die drei Freunde Hiob nicht überzeugen können von ihrer Theorie, der Mensch sei selbst schuld an seinem Leid, kommt ein junger Mann, Elihu mit Namen, der arrogant auftritt und Hiob beweisen will, dass Gott nicht Unrecht tut. Hiob soll seine Schuld bereuen, dann sei Gott auch bereit, ihm wieder Wohltaten zu erweisen. Doch auch Elihu bringt keine neuen Gedanken.

Zuletzt antwortet Gott selbst dem Hiob. Er erklärt ihm nicht, warum das Leid ihn getroffen hat. Er verweist ihn nur auf das Geheimnis der Schöpfung. »Wo warst du, als ich die Erde gegründet? Sag es denn, wenn du Bescheid weißt!« (Hiob 38,4). Dann zeigt Gott Hiob die Größe der Schöpfung, die Sonne und den Mond, den Regen und den Sturm. Gott selbst ist es, der den Tieren ihre Nahrung gibt. Er schildert die Schnelligkeit der Straußenhenne und die Kraft des Pferdes, er verweist auf den Falken und den Adler, der so hoch fliegt. Auf diese Rede Gottes antwortet Hiob: »Siehe, ich bin zu gering. Was kann ich dir erwidern? Ich lege meine Hand auf meinen Mund. Einmal habe ich geredet, doch ich werde nicht antworten; ein zweites Mal, doch ich fahre nicht fort« (Hiob 40,4f). Der Blick auf die Wunder der Natur lässt Hiob verstummen. Er spürt, dass

Gott größer und geheimnisvoller ist, dass er ihn nie begreifen wird. In seiner zweiten Rede verweist Gott Hiob auf die Kraft des Nilpferdes und des Krokodils, das kein Mensch mit seinen Schwertern und Pfeilen bezwingen kann. Auf diese Rede antwortet Hiob: »Vom Hörensagen nur hatte ich von dir gehört, jetzt aber hat mein Auge dich geschaut. Darum widerrufe ich. Ich bereue in Staub und Asche« (Hiob 42,5f). Die Erfahrung des unbegreiflichen Gottes und das Schauen auf die Wunder seiner Schöpfung lassen Hiob verstummen. Er spürt, dass er Mensch ist, Staub und Asche. Er erkennt Gottes Größe und das unbeschreibliche Geheimnis Gottes an.

Das Buch schließt damit, dass Gott Hiobs Freunde kritisiert: »Ihr habt nicht recht von mir geredet wie mein Knecht Hiob« (Hiob 42,8). Auch wenn Hiob Gott angeklagt hat, hat er dennoch recht von ihm geredet, während seine Freunde, die immer nur Hiob die Schuld zugeschoben haben, Gott nicht wirklich verstanden haben. Die Geschichte von Hiob schließt mit einem Happy End: Gott wendet das Geschick Hiobs und er bekommt mehr Reichtum und mehr Kinder als zuvor.

Wenn wir die Schmerzen Hiobs auf uns beziehen, so ist da einmal der Verlust des ganzen Vermögens. Der Reiche steht plötzlich mit leeren Händen da. Alles, was er aufgebaut hatte, geht zugrunde. Noch schmerzlicher ist der Verlust seiner Familie. Das kennen wir auch: Da stirbt ein Kind und die Eltern fühlen sich verwaist. Oder ein Sohn oder eine Tochter bricht den Kontakt zu den Eltern und Geschwistern ab. Die heile Familie, die man sich wünschte, ist zerbrochen. Wir haben den Eindruck, vor dem Scherbenhaufen unseres Lebens zu stehen. Ein erster Weg, die Schmerzen zu verwandeln, besteht darin, in der Stille unser Schicksal auszuhalten. In der Stille schweigen unsere Überlegungen, warum uns das Leid getroffen hat. Wir stellen uns dem Leid, ohne es erklären oder diskutieren zu wollen. In der Stille versuchen wir in den heiligen Raum auf dem Grund unserer Seele zu gelangen, zu dem das Leid keinen Zutritt hat, der vom Leid nicht beschädigt ist. Ein zweiter Weg besteht darin, unser Leid vor Gott auszubreiten. Wir dürfen mit Gott streiten, ihm unsere Klage, unseren Schmerz vorbringen, unser Unverständnis für unser Schicksal ausdrücken, ohne dass wir auf fromme Worte achten müssten. Wir können unseren Schmerz so ungefiltert aussprechen, wie es aus unserem Inneren herausströmt, ohne Rücksicht darauf, dass wir Gott beleidigen könnten. Allein das Aussprechen kann den Schmerz lindern. Ein anderer Weg ist: unser Leid, unsere Schmerzen im Gebet Gott hinzuhalten und darauf zu vertrauen, dass Gottes Liebe in den Schmerz hineinströmt und ihn verwandelt.

Eine andere Art des Schmerzes ist das Unverständnis von Hiobs Frau und dem seiner Freunde und deren Versuch, ihm die Schuld für sein Schicksal aufzubürden. Es hilft uns nicht weiter, wenn wir mit unseren Freunden über unser Leid diskutieren. Wichtiger wäre, es vor Gott zum Ausdruck zu bringen. Im Gespräch mit ihm, auch im Hadern mit ihm, kann sich unser Leid wandeln. Diesen Weg zeigen uns die Psalmen. Dort klagt der Beter immer wieder über sein Leid und über die Bedrängnis durch Frevler und Feinde. Aber nach der Klage taucht auch immer wieder die Hoffnung auf, dass Gott unser Fels ist, dass er unsere Not wendet. So ist das Beten der Psalmen gleichsam eine Verwandlung des Schmerzes. Indem wir vor Gott alle unsere Zweifel und unsere Rebellion gegen unser Schicksal aussprechen, wandelt sich etwas in unserem Herzen, und plötzlich können wir uns in Gottes gute Hände fallen lassen, im Vertrauen darauf, dass er uns aus aller Not helfen wird.

Ein anderer Weg, auf dem unser Leid sich wandeln kann, ist das Schauen auf die Unbegreiflichkeit Gottes. Wir entdecken seine Größe in der Schöpfung. Oder wir können in der Stille einswerden mit dem Gott jenseits aller Worte und jenseits aller Bilder. Wir kapitulieren mit unseren Versuchen, unser Leid und unsere Schmerzen zu erklären. Wir überlassen uns dem unbegreiflichen Gott. Karl Rahner meinte, für ihn sei das der einzig mögliche Weg, mit dem Leid umzugehen: es nicht zu erklären, sondern die Unbegreiflichkeit des Leids anzuerkennen und sie mit der Unbegreiflichkeit Gottes zu verbinden. Doch bei allem Unvermögen, das Leid und Gott zu begreifen, sollten wir doch darauf vertrauen, dass Gott die Liebe ist – aber eben eine unbegreifliche Liebe.

Der Schmerz der Sinnlosigkeit – Jona

ANSELM GRÜN

Der Prophet Jona bekommt von Gott den Auftrag, der großen Stadt Ninive das Strafgericht anzudrohen. Doch er wehrt sich gegen diesen Auftrag und läuft vor Gott davon. Statt nach Ninive zu gehen, nimmt er ein Schiff nach Tarschisch, also am anderen Ende der Welt. Doch die Weigerung, dem Willen Gottes zu entsprechen, bringt ihn in große Not: Das Schiff droht in einem heftigen Sturm zu kentern. Jona schläft währenddessen im Bauch des Bootes. Er will sich der Wahrheit nicht stellen und flieht in den Schlaf. Dann werfen die Seeleute das Los, um zu erfahren, wer an ihrem Unheil schuld ist, und es trifft Jona. Er kapituliert nun völlig und sagt, man solle ihn ins Meer werfen. Seine Bereitschaft dazu entspringt nicht der Nächstenliebe. Es ist kein Opfer für die anderen, sondern Resignation. Es hat alles keinen Sinn. Jona ist todessüchtig, weil sein Fluchtplan nicht gelungen ist. Jetzt weiß er nicht mehr, warum er weiterleben sollte.

Das ist der erste große Schmerz, den viele Menschen erleiden: dass sie innerlich spüren, was Gott von ihnen will, dem aber nicht folgen möchten. Paulus sagt: »Das ist es, was Gott will: eure Heiligung« (1 Thessalonicher 4,3). Gott will, dass wir heil und ganz werden, dass wir so werden, wie es dem einmaligen Bild entspricht, das er sich von jedem von uns gemacht hat. Wenn wir in die Stille gehen und ganz im Einklang sind mit uns selbst, dann ist der Wille Gottes identisch mit dem, was unser wahres Selbst will. Doch wir haben in uns oft einen anderen Willen. Die spirituelle Tradition spricht vom Eigenwillen, der dem Willen Gottes widerspricht. Oft sind wir taub gegenüber dem Willen und Auftrag Gottes. Wir haben unsere eigenen Pläne, und die wollen wir nicht von Gottes Willen durchkreuzen lassen. Doch der Widerstand gegen Gottes Willen, gegen den Willen unseres wahren Selbst, führt in eine Sackgasse. Wir spüren in unserem Inneren, dass unser Weg nicht stimmt, aber wir betäuben dieses Gefühl. Wir fliehen vor unserer eigenen Wahrheit. Letztlich – so zeigt uns das Buch Jona – führt die Flucht jedoch in eine aussichtslose Situation, aus der wir nicht mehr herausfinden, die als äußerste Konsequenz selbst den Tod in Kauf nimmt. Das ist der erste Schmerz, den Jona erleidet.

Der zweite Schmerz wird beschrieben durch den dreitägigen Aufenthalt im Bauch des Fisches. Jona muss sich seiner eigenen Wahrheit stellen, und die ist schmerzlich. C. G. Jung spricht davon, dass wir unserem Schatten nicht entrinnen können. Wir müssen uns den Schattenseiten, den verdrängten Seiten stellen. Jona selbst schildert seine Situation mit den Worten: »Du hast mich in die Tiefe geworfen, in das Herz der Meere; mich umschlossen die Fluten, all deine Wellen und Wogen schlugen über mir zusammen. Ich sagte: Ich bin verstoßen aus deiner Nähe. Wie kann ich jemals wiedersehen deinen heiligen Tempel? Das Wasser reichte mir bis an die Kehle, die Urflut umschloss mich; Schilfgras umschlang meinen Kopf« (Jona 2,4–6). Es tut weh, der eigenen Wahrheit zu begegnen. Doch das Buch Jona zeigt uns: Es gibt keinen Weg an unserer Wahrheit vorbei. Jesus selbst sieht den dreitägigen Aufenthalt Jonas im Bauch des Fisches als Bild für seinen Tod, in dem er drei Tage im Grab bleibt, bevor Gott ihn auferweckt (vgl. Matthäus 16,4). Die Kirchenväter haben diese drei Tage als Abstieg Jesu in die Unterwelt verstanden. Josef Ratzinger deutet sie so, »dass Christus das Tor unserer letzten Einsamkeit durchschritten hat, dass er in seiner Passion eingetreten ist in diesen Abgrund unseres Verlassenseins. Wo uns keine Stimme mehr erreichen kann, da ist Er«[44]. Da Jona flieht und somit vor Gott schuldig wird, erlebt er sich auch als aus der menschlichen Gemeinschaft ausgeschlossen. Er begegnet seiner Einsamkeit, in die weder das Wort Gottes noch die Worte der Menschen hineinreichen. C. G. Jung deutet diesen Aufenthalt entsprechend der Mythologie der Heldenreise so, dass jeder in die Abgründe seiner Seele hinabsteigen muss. Nur dann wird er fähig, sein Leben zum Segen werden zu lassen für andere Menschen.

Der Fisch speit Jona nach drei Tagen wieder aus. Man könnte meinen, Jona sei durch dieses Wunder geläutert worden. In ihm hat sich auch etwas gewandelt. Denn als Gott ihn wieder beauftragt, nach Ninive zu gehen, ist er bereit dazu. Das Buch Jona beschreibt Ninive als große Stadt, man braucht drei Tage, um sie zu durchschreiten. Das wären etwa sechzig Kilometer. In Wirklichkeit war Ninive nur über fünf Kilometer ausgedehnt. Es ist also ein Symbol für die Welt, die sich von Gott abgewandt hat. Doch als Jona der Stadt das Strafgericht androht, hört der König davon und ruft Fasten, Buße und Umkehr aus.

Darüber könnte Jona nun eigentlich erfreut sein, doch er ist enttäuscht. Er rebelliert wieder gegen Gott, diesmal gegen dessen Barmherzigkeit. Er hätte viel lieber einen Gott, der die Sünder zerschmettert. Doch Gott ist barmherzig, nicht nur den Israeliten, sondern allen Völkern gegenüber. Diese Großherzigkeit Gottes »missfiel Jona ganz und gar und er wurde zornig. Er betete zum Herrn und sagte: Ach Herr, habe ich das nicht schon gesagt, als ich noch daheim war? Eben darum wollte ich ja nach Tarschisch fliehen; denn ich wusste, dass du ein gnädiger und barmherziger Gott bist, langmütig und reich an Huld und dass deine Drohungen dich reuen« (Jona 4,1f). Jona hat eine andere Vorstellung, wie Gott sein soll. Das Bild des barmherzigen Gottes widerstrebt ihm. Er möchte an seinem Gottesbild festhalten. Er soll nur ein Gott der Israeliten sein, nicht aller Menschen. Wörtlich heißt der erste Vers: »Es wurde Jona böse in großer Bosheit.« Man könnte sagen: Er übernimmt die Bosheit der Bewohner von Ninive, die er so verabscheut. Das Böse, gegen das er kämpft, ist nun in ihm selbst. Seine Bosheit besteht darin, dass er Gott zwingen möchte, so zu sein, wie er ihn sich vorstellt: ein Gott, der die fremden Völker, die nicht den gleichen Glauben haben wie er, vernichtet. Doch Gott ist anders. Mose erfährt diesen anderen Gott am Berg Horeb: »Der Herr ist der Herr, ein barmherziger und gnädiger Gott, langmütig und reich an Huld und Treue« (Ex 34,6). Mit diesem Gott will Jona nichts zu tun haben. Doch da er ihn nicht in sein eigenes Bild hineinzwingen kann, sieht er keinen Sinn mehr in seinem Leben und wünscht sich den Tod: »Denn es ist besser für mich zu sterben als zu leben« (Jona 4,3). Gott verteidigt sich nicht, sondern fragt Jona nur: »Ist es recht von dir, zornig zu sein?« (Jona 4,4).

Jonas Schmerz erscheint uns fremd. Doch in der Begleitung anderer erlebe ich auch heute immer wieder Menschen, die darunter leiden, dass Gott nicht ihrem Bild entspricht. Sie wünschen sich einen Gott, der die Frevler vernichtet, der dreinschlägt und die Tyrannen dieser Welt entmachtet, der die Kriegstreiber ins Leere laufen lässt. Doch offensichtlich ist Gott nicht so, er entspricht nicht unseren Erwartungen. Den guten Menschen geht es schlecht und den bösen gut – diesen Schmerz bringen viele Psalmen zum Ausdruck. Wir benutzen Gott oft, um unsere eigenen Vorstellungen vom Leben zu bestätigen. Doch er ist so anders. Das verunsichert uns. Manche Menschen reagieren ähnlich resigniert wie Jona: Dann hat es doch gar keinen Sinn zu glauben. Denn ich habe ja keinen Vorteil vom Glauben. Der Glaube, auf den ich gesetzt habe, erweist sich als falsch. Daher gebe ich auf. Bei Jona drückt sich diese Selbstaufgabe in dem Wunsch aus, zu sterben. In so einer Welt, die ganz und gar nicht seinen Vorstellungen entspricht, möchte er nicht weiterleben.

Das Buch Jona schildert uns dann auf humorvolle Weise noch einen anderen Schmerz. Jona wartet ab, ob die Stadt Ninive nach vierzig Tagen vielleicht doch noch zerstört wird. Gott ist nun auch barmherzig mit ihm und lässt einen Rizinusstrauch wachsen, »der seinem Kopf Schatten geben und seinen Ärger vertreiben sollte« (Jona 4,6). Jona freut sich über den Strauch. Doch als am nächsten Morgen ein Wurm den Rizinusstrauch angenagt hat, sodass er verdorrt, fällt Jona unter der stechenden Sonne in Ohnmacht. Jetzt wünscht er sich wieder den Tod. Immer, wenn es nicht nach seinem Willen geht, wünscht er sich gleich den Tod. Das ist seine Weise, gegen Gott zu rebellieren. Die Frage Gottes, ob es recht sei, wegen des verdorrten Rizinusstrauches so zornig zu werden, bejaht Jona. Doch dann belehrt ihn Gott: »Du hast Mitleid mit einem Rizinusstrauch, für den du nicht gearbeitet und den du nicht großgezogen hast. Über Nacht war er da, über Nacht ist er eingegangen. Soll ich da nicht Mitleid haben mit Ninive, der großen Stadt, in der mehr als 120.000 Menschen leben, die zwischen rechts und links nicht unterscheiden können – und außerdem so viel Vieh?« (Jona 4,10f).

Weil Jona nicht bereit ist, Mitleid zu haben mit den Menschen, die anders sind als er, gerät er selbst in großes Leid. Er erlebt sein Leben als sinnlos. Der Gott, dem er als Prophet dienen sollte, ist so anders, als er ihn sich vorgestellt hat. Die Enttäuschung ist so groß, dass er nicht mehr leben möchte. Die Enttäuschung, die Jona umtreibt, erlebe ich heute durchaus auch bei vielen Menschen. In allen Religionen gibt es Gläubige, die ein ganz bestimmtes Gottesbild haben, das Bild von einem Gott, der nur für sie sorgt, alle Andersgläubigen aber ablehnt, bekämpft, ja sogar vernichtet. Wenn dieses starre Gottesbild zerbricht, dann zerbricht auch ihr Glaube und sie sehen keinen Sinn mehr in ihrem Leben. Sie sind nicht bereit, sich selbst und ihr Gottesbild infrage zu stellen. Sie halten an ihrem starren Glauben fest. Mit ihm zerbricht ihre ganze Identität. Wenn ihr Glaube, der bisher für sie so zentral war, nicht stimmt, dann stimmt das ganze Leben nicht mehr. Dann gibt es nur noch den Wunsch zu sterben. Man gibt sich selbst auf und funktioniert nur noch.

Das größte Leid, das den Menschen erfasst, der an seinem Gott irrewird, ist die Sinnlosigkeit. Viktor Frankl, der Begründer der Logotherapie, hält Sinnlosigkeit für das typische Leiden unserer Zeit. Er ist überzeugt, dass der Mensch krank wird, wenn er keinen Sinn in seinem Leben findet. Für Frankl ist die Religion ein starker Sinnstifter. Wenn sie die Kraft verliert, dem Leben einen Sinn zu verleihen, dann tut sich der Mensch schwer, dem Leid, das ihn trifft, einen Sinn abzuringen. Frankl ist der Überzeugung, dass das Schicksal uns zwar vieles rauben kann: die Gesundheit, liebe Menschen, unsere Arbeit. Aber eines kann es uns nicht nehmen: die Freiheit, darauf zu reagieren, die Freiheit, dem, was mir von außen widerfährt, einen Sinn abzuringen. Die Krankheit oder der Tod eines lieben Menschen hat nicht in sich einen Sinn. Aber es ist meine Aufgabe, ihnen einen Sinn zu geben. Ich kann der Krankheit den Sinn geben, mich nach innen zu führen oder sie in Solidarität mit anderen Menschen zu ertragen. Und ich kann dem Tod eines lieben Menschen einen Sinn abringen. Ich kann mich fragen, was dieser Mensch vermitteln und wofür er leben wollte, welche Herausforderung dieser Mensch mit seinem Leben für mich bedeutet. Doch wenn wir wie Jona uns auf unsere Sicht des Lebens und auf unser Gottesbild festlegen, dann wird unser Leben sinnlos. Denn es richtet sich nicht nach unseren Vorstellungen. Gott nimmt Jona liebevoll in seine Schule der Barmherzigkeit. So wird auch unsere starre Haltung sich wandeln, wenn wir bereit sind, uns in die göttliche Schule von Barmherzigkeit und Milde zu begeben und dort das Mitgefühl mit allen Menschen zu lernen.

Der Schmerz der Überlastung und der Verleumdung – Maria

AHMAD MILAD KARIMI

Keine andere Person wird im Koran und in der späteren islamischen Geschichte mit so viel Zärtlichkeit und Ergriffenheit behandelt wie Maria. Sie ist im Koran als einzige Frau mit Namen erwähnt – in arabischer Form: Maryam. Die Sure 19 des Korans ist ihr gewidmet. Ihre besondere Bedeutung ist verwoben mit ihrem Sohn Jesus. Mutter und Sohn gelten als Inbegriff reiner Menschen, reiner Seelen, unberührt vom Bösen. Ihre Geschichte wird – typisch für den Koran – fragmentarisch erzählt, in verschiedene Suren eingewoben und ist reich an Symbolen, Metaphern und Weisheiten.

Doch Maria erfährt nicht nur einzigartige Wertschätzung, ihre Geschichte und ihr Leben berühren uns tief. »Gedenke in der Schrift der Maria«[45], heißt es im Koran: Marias Leben soll erinnert, bedacht sein. Es ist kein abgehobenes, glattes, sondern ein vielfach geprüftes Leben, das nicht frei ist von Leiderfahrungen. Ihr Schmerz kommt uns ganz nah. Es ist der Schmerz einer Frau, einer Mutter, eines Menschen, dem Gott nahekommt – womöglich zu nah. Aber in ihr entdecken wir auch eine göttliche Gegenwart, die heilsam unter die Haut geht, tröstet und stärkt.

Maria ist erschüttert, wie der Koran berichtet, als ihr der Engel Gabriel erscheint, um ihr, die wohl zitternd dasteht, mitzuteilen, dass Gott sie »erwählt« habe, »erwählt vor den Frauen der Welten«[46]. Denn Maria kann nicht ahnen, was diese »Erwählung« bedeutet. Sie verfügt nicht über diesen Augenblick, der sie überfordert. Der Engel erklärt ihr dann den tiefen Sinn ihrer Erwählung: dass sie nämlich mit Jesus schwanger werden wird. Sie erwidert, wie der Koran hervorhebt: »Mein Herr, soll mir ein Sohn werden, wo mich doch berührte kein Mann?« Er sprach: »So ist Gott. Er schafft, was Er will. Wenn Er beschlossen hat eine Sache, spricht Er zu ihr nur: ›Sei!‹, und sie ist.«[47] Diese Haltung Marias findet in der islamischen Mystik eine besondere Würdigung. Ihre Schwangerschaft hat eine große Symbolkraft. Bei Rumi heißt es zum Beispiel: »Alle Zweige sind gewissermaßen Maria, schwanger vom Hauch des Engels.«[48]

Ist uns diese Erfahrung fremd? Keineswegs. Wir sind immer wieder mit Situationen, Erfahrungen konfrontiert, die uns dieses Gefühl der Ohnmacht vermitteln. Wir sind dann sozusagen überantwortet, denn wir können keine Veranlassung erkennen, warum ausgerechnet uns dies widerfährt. Das kann eine Krankheit sein, der Verlust eines lieben nahen Menschen, das Scheitern im Beruf, in der Karriere, Verleumdung etc. Dann klagt alles in uns: Warum ich? Warum muss es mir widerfahren? Was habe ich nur getan? Zu hören: »So ist Gott«[49] ist dann kein Trost, sondern die Bekräftigung unserer Ohnmacht.

Wie muss sich Maria gefühlt haben? Denn es ist keine besonders schwierige Aufgabe, keine Prüfung, die ihr auferlegt wird. Maria wird mit dem Unmöglichen konfrontiert – in ihrem Inneren, leibhaftig. Unberührt von einem Mann soll sie durch den Geist Gottes schwanger geworden sein. Das ist schlicht unmöglich, unnatürlich, unvernünftig. Unmissverständlich wird ihr aber verdeutlicht, dass sie dagegen nichts tun kann. Es sei eine beschlossene Sache, sagt der Engel. Sie beklagt sich nicht. Sie hadert nicht mit Gott. Aber dennoch kann sie es nicht fassen, was ihr geschehen soll. Sie fragt: »Wie soll mir ein Junge sein, da mich kein Mann berührt und ich keine Hure gewesen?« Der Engel erwidert: »So ist es! Dein Herr spricht: ›Das ist Mir ein Leichtes [...].‹«[50]

Maria muss ihren Willen zurücknehmen vor dem Willen ihres Herrn und nimmt in Demut auf sich, worüber sie nicht verfügt. Sie verlangt keinen Beweis, sondern vertraut auf die Worte des Engels. Im Koran wird die Demut Marias besonders ehrenvoll dargestellt, da sie auf einer inneren Haltung basiert. Doch es ist keine passive, fatalistische Haltung, die Maria verkörpern soll, sondern sie nimmt mit Großmut auf sich, was der Ratschluss Gottes für sie vorgesehen hat. Ihr Widerstand ist leise, aber hörbar. Sie zweifelt, aber verzweifelt nicht. Sie macht auf die Unmöglichkeit ihrer Situation aufmerksam, ohne sich dagegen zu wehren. Standhaftigkeit: Das ist die Tugend, die Maria hier zeigt. Sie resigniert nicht, sie flieht nicht. Sie steht mit Haltung. Und er Engel zögert nicht, ihr zu gestehen, was Gott für ihren Sohn vorgesehen hat: »Und Wir machen ihn zu einem Zeichen für die Menschen und Unserer Barmherzigkeit.«[51]

Doch bevor Jesus zur Welt kommt, wird sich Maria freiwillig zurückziehen[52], womit sie sich vor übler Nachrede aus ihrer

Familie schützen will. Die Flucht vor ihren Leuten – wie es auch die Kommentartradition des Koran unterstreicht – soll sie vor Bedrohung durch die Familie schützen. Auch das ist uns heute nicht fremd: Nicht selten sind die Blicke auf andere gerichtet, die nach der eigenen verengten Sicht beurteilt und bewertet werden. Maria musste mit dem Schlimmsten rechnen. Sie zog sich zurück in die Einsamkeit und Abgeschiedenheit und war dort auf sich allein gestellt. Die eindringliche Dramatik ihrer Situation der Verlassenheit wird uns dann in der Schilderung der Wehen bei der Geburt noch einmal eindrücklich vor Augen geführt.

Sie soll Jesus unter großem Schmerz geboren haben. Dieser Schmerz hat die islamische Tradition nachhaltig bewegt, denn sie nimmt Marias Schmerz nicht einfach als eine selbstverständliche Tatsache hin, sondern öffnet sich für diesen Schmerz, dem eine eigene Spiritualität innewohnt.

Im Koran ist zu hören, dass Maria die Wehen stark zugesetzt haben. So schmerzhaft müssen sie gewesen sein, dass sie sie kaum mehr aushalten konnte: »Und die Wehen brachten sie zum Stamm der Palme. Sie sagte: ›O wäre ich zuvor gestorben und doch ganz und gar vergessen!‹«[53] Maria durchlebt eine Grenzerfahrung. Der Schmerz in ihr ist so intensiv, dass er beinahe das ihr Erträgliche übersteigt. Maria wünscht sich nicht nur den Tod, sondern die völlige Nichtexistenz. »Ganz und gar vergessen« zu sein meint mehr als nur sterben zu wollen, um den Schmerz nicht ertragen zu müssen. Der Schmerz ergreift sie derart existenziell, dass sie sich wünscht, nicht Maria zu sein, eben nicht mehr dieser Mensch, der zu diesem Schmerz erwählt wurde. Sie erkennt den Schmerz an, der zu ihr als diese konkrete Person, als Maria spricht.

An Maria erleben wir, was wir selbst auch erleben: dass der Schmerz eine Sprache ist, ein nonverbales, aber tiefgreifendes Sagen. Häufig wird der Schmerz in seiner Quantität betrachtet, wenn es also um die Intensität des Schmerzen geht. Doch er ist viel komplexer. Durch den Schmerz stellt sich Maria in Frage: Was bedeutet er für mich? Was macht er mit mir? Der Schmerz bringt sie an ihre Grenze. Aber in welchem Kontext? Der Schmerz stiftet die innere Einheit der Person. Uns tut nicht bloß eine bestimmte Stelle unseres Körpers weh. Wir sind im Schmerz leiblich versammelt. Jeder Schmerz erfasst uns als ganze Person, in unserer Einheit. Er konfrontiert uns intensiv mit unseren Grenzen, unserer Verletzlichkeit – und unserer Stärke. Denn Schmerz bedeutet nicht immer Leid im Sinn einer eindeutigen Negativerfahrung. Er hat mehrere Dimensionen, denn neben dem rein biologischen Erleben ist auch die psychosoziale und spirituelle Komponente wichtig. Forschungen zeigen, dass für die Intensität und Erfahrung des Schmerzes durchaus relevant ist, in welchen sozialen Beziehungen wir uns befinden. Wenn uns jemand anschaut, der uns nahe ist oder unsere Hand hält, sinkt die Intensität des Schmerzes.

Doch Maria ist einsam. Sie hält sich an einer verdorrten Palme fest. Inmitten dieser Schmerzerfahrung hört sie eine Stimme von unten, die ihr zuruft: »Sei nicht traurig! Geschaffen hat dir Dein Herr unter dir einen Bach. Und schüttele zu dir den Stamm der Palme, sodass auf sie herunterfallen Datteln, frische, reife. So iss, trink und sei frohen Mutes.«[54] Im Koran ist offengehalten, wessen Stimme sie hört. Ist es der Engel oder doch Jesus, der ungeboren zu ihr spricht? Die Intensität der Mutter-Sohn-Beziehung ist hier bereits in gesteigerter Form sichtbar. Maria ist zwar einsam in ihrem Schmerz, aber nicht allein: Gott selbst steht ihr bei, versinnbildlicht durch die dürre Palme, die ihr Datteln spendet, und das Bächlein, das unter ihr fließt, um sie zu versorgen. In ihrem Schmerz erklingt das Evangelium, die Frohe Botschaft, die sie erlösen soll und der sie vertraut.

Das Bild ist überwältigend: Über Marias Schmerz regnen süße Datteln. Bei Rumi heißt es dazu:

> »Er lässt die trockene Saat des Gebetes
> sich in eine wunderbare Dattelpalme wandeln,
> wie Maria in ihren Wehen
> durch einen Regen von Datteln erfrischt wurde.«[55]

Der Schmerz wird also ebenso als ein tragendes Moment spiritueller Erfahrung verstanden, die Maria hier verkörpert. Ihr Schmerz bedeutet Erkenntnis und Gottesnähe. Rumi hat diese Tiefe eindrücklich zum Ausdruck gebracht: »Der Leib ist wie Maria. Jeder von uns hat einen Jesus, aber ehe sich in uns kein Schmerz zeigt, wird unser Jesus nicht geboren. Wenn der Schmerz niemals kommt, geht Jesus zu seinem Ursprung zurück auf demselben geheimen Pfad, auf dem er gekommen war, und wir bleiben beraubt und ohne Anteil an ihm zurück.«[56] Maria nimmt den Schmerz auf sich, um der Welt Erlösung zu schenken. Ist dieser Gedanke nicht überwältigend?

Maria wird aber hier nicht als Mittel zum Zweck betrachtet. Vielmehr ist sie die tragende Figur dieses Geschehens. Mit ihr erkennen wir die Tiefe des Schmerzes über das bloße Leiden hinaus. Sie zeigt, dass es den Schmerz nicht zu vermeiden gilt, sondern in ihm zu wachsen, in ihm zu reifen, uns in ihm zu verwandeln, das Leben in seiner Dichte und Intensität zu erfahren.

Maria bleibt nicht in der Einsamkeit zurück. Obwohl sie mit Unzuchtvorwürfen konfrontiert wurde, die gewaltige Konsequenzen erwarten ließen, kehrt sie mit dem neugeborenen Jesus zu ihren Leuten zurück. Doch sie spricht nicht, weil ihr, wie es im Koran angedeutet wird, von Gott das Schweigen auferlegt wurde. Maria übt sich in Stille mit Gott, während sie Verleumdungen aushalten muss, die für sie sicher auf andere Weise schmerzhaft waren. Misstrauen, die Trennung von ihrer Familie, die Angst vor Bestrafung und Verleumdung verursachen keinen körperlichen, aber seelischen Schmerz. Sie zeigt Haltung, leistet Widerstand in der Schwäche: Sie deutet auf Jesus hin. Er, der Anlass für die Verleumdung und ihre Schwäche, scheint hier als ihre Stärke auf. Denn Marias Hoffnung wird nicht enttäuscht: Jesus ergreift das Wort, indem er aus der Wiege heraus spricht und die Wahrhaftigkeit seiner Mutter bezeugt.[57]

Über die letzte Grenzerfahrung im Leben Marias schweigt der Koran. Denn vom Tod Jesu, seiner möglichen Kreuzigung wird nur sehr vage erzählt. Die Aussagen, die wir im Koran dazu finden, gehören zu den dunkelsten Stellen der Schrift. Aber warum? Weil der damit verbundene Schmerz die Grenzen des Erträglichen übersteigen würde? Oder weil in diesem Schmerz etwas berührt wird, das unberührbar bleiben soll?

In unserer Welt, in der täglich Mütter im Krieg oder auf der Flucht ihre Kinder sterben und ermordet sehen müssen, wissen wir, wie sprachlos wir ihnen gegenüber dastehen. Die Ungerechtigkeit macht uns zwar sprachlos, fassungslos, aber wir bleiben nicht unbekümmert. Maria ist auch in solchen Situationen gegenwärtig. Die Kreuzigung Jesu scheint für die islamische Tradition kaum denkbar zu sein. Denn wie würde Gott diesen Schmerz Maria noch zumuten wollen? Jeus soll emporgehoben sein. Mehr will der Koran nicht verraten. Doch der muslimische Mystiker Sanâī scheint Maria trösten zu wollen, wenn er über den Tod Jesu schreibt:

»Zum Himmel hob er deshalb das Haupt,
weil er auf Erden keine Wohnstätte hatte.
Was soll der reine Geist mit Häusern, ach?
Der fünfte Himmel ist ja Jesu Dach.«[58]

Der Schmerz, zerbrochen zu werden und zu scheitern – Jesus

ANSELM GRÜN

Alle vier Evangelisten erzählen uns die Leidensgeschichte Jesu. Sie fasst zusammen, was uns Menschen an Leid und Schmerzen begegnen kann – Situationen, in die wir alle geraten können. Die Schmerzen, die die Evangelisten beschreiben, sind in allen vier Berichten ähnlich. Doch die Wege, wie mit den Schmerzen umgegangen wird und wie die Verwandlung und Heilung aussehen könnten, sind verschieden. Daher möchte ich nach der Schilderung der Leidenssituationen die vier Wege der Verwandlung in jedem Evangelium extra beschreiben.

Die Leidensgeschichte beginnt nach dem letzten Abendmahl, das Jesus mit den Jüngern gehalten hat. In diesem Mahl deutet er seinen Tod am Kreuz, indem er den Jüngern das Brot bricht. Im Tod wird Jesu Leib zerbrochen, damit die Jünger nicht zerbrechen an dem, was ihnen im Leben an Schmerzen widerfährt, sondern aufgebrochen werden für Gott. Jesus reicht den Jüngern den Kelch mit Wein als Zeichen seines Bundes, den er auf neue Weise mit ihnen schließt. Es ist der Bund, der jedes Leiden und auch den Tod überdauert. Der Wein wird zum Bild für das Blut, das er für uns vergießt. Blut steht für die Liebe, die im Tod Jesu ihren Höhepunkt findet.

Nach dem Mahl geht Jesus mit seinen Jüngern zum Ölberg, in ein Grundstück mit Namen Getsemani. Die Jünger sollen am Rand des Grundstücks warten. Er selbst geht mit Petrus, Jakobus und Johannes hinein. Dort ringt er im Gebet mit dem Vater. »Da ergriff ihn Furcht und Angst und er sagte zu ihnen: Meine Seele ist zu Tode betrübt. Bleibt hier und wacht!« (Markus 14,33f). Er spürt, dass ihn ein schrecklicher Tod erwartet. So betet er, dass Gott ihn aus dieser Situation erretten möge und den Kelch an ihm vorübergehen lasse. Aber zugleich ist er bereit, sich in den Willen Gottes zu ergeben. Den Willen Gottes dürfen wir hier nicht als etwas völlig Fremdes verstehen, das auf dem Schicksal Jesu lastet. Vielmehr spürt Jesus, dass er auf der einen Seite Angst vor dem Tod hat, dass es aber für ihn nicht stimmen würde, sich in Sicherheit zu bringen. Dann würde er seinen Jüngern nicht gerecht und er würde seine Botschaft entwerten. So ringt er sich durch, sich dem Willen Gottes zu fügen. Er hofft auf die Solidarität seiner Jünger, doch die drei schlafen. Hier kommt das Leiden an seinen Jüngern zum Ausdruck, von dem Markus immer wieder geschrieben hat. Jesus leidet am Unverständnis seiner Jünger, so sagt er einmal: »O du ungläubige Generation! Wie lange muss ich noch bei euch sein? Wie lange muss ich euch noch ertragen?« (Markus 9,19). Jesus fühlt sich in seinem Schmerz alleingelassen. Die Jünger fliehen vor seinem Schmerz in den Schlaf. Sie verstehen nicht, was Jesus mit seiner Botschaft möchte. Und sie verstehen seinen Schmerz nicht.

Nach dem Ringen mit Gott im Gebet kommt Judas mit einer Schar bewaffneter Männer, die Jesus gefangen nehmen wollen. Judas geht auf Jesus zu und küsst ihn. Doch dieser Kuss ist kein Zeichen der Freundschaft, sondern des Verrates. Es ist ein weiterer Schmerz, dass ein Freund, einer seiner Jünger, ihn verrät und das mit dem Zeichen des Kusses. Wir kennen diesen Schmerz, wenn einer uns vordergründig schöntut, aber in Wirklichkeit gegen uns intrigiert oder uns sogar verrät. Dann nehmen die Männer Jesus gefangen. Gefangen, ohnmächtig zu sein gegen eine Menge von Menschen, die uns ohne Grund mit ihren Fallstricken fesseln, das erleben wir mitunter auch. Wir haben dann den Eindruck, dass die Menschen in unserer Umgebung uns festlegen auf ein Bild und wir einfach nicht aus diesen Festlegungen herauskommen. Wir können nicht in Freiheit unseren Weg gehen. Dieser Schmerz Jesu wird dadurch vertieft, dass ihn alle seine Begleiter und Jünger alleinlassen. Alle fliehen und bringen sich in Sicherheit, lassen Jesus zurück in seiner Not.

Jetzt wird Jesus vor das Gericht der Hohepriester gezerrt. Dort treten falsche Zeugen gegen ihn auf. Er wird verurteilt. Man wirft ihm Gotteslästerung vor. Zu spüren, es gibt keine Gerechtigkeit, es gibt nur die Willkür der Mächtigen, das ist ein weiterer Schmerz, dem wir in der Passion Jesu begegnen und den auch heute viele Menschen immer wieder erleiden.

Jesus wird verspottet, die Leute spucken ihn an und treiben ihren Spott mit ihm. Jetzt ist er ohnmächtig der Willkür der Menge ausgesetzt. Menschen, die nichts von ihm gehört haben, die ihm niemals das Wasser reichen können, erniedrigen ihn. Dazu kommt die Leugnung des Petrus. Er ist zu feige, um sich zu Jesus zu bekennen. Dreimal sagt er, er kenne ihn nicht. Beim dritten Mal »fing er an zu fluchen und zu schwören: Ich kenne diesen Menschen nicht, von dem ihr redet« (Markus 14,71). Jesus erlebt, wie der Jünger, dem er am meisten Verantwortung übertragen hat, ihn im Stich lässt. Das tut weh. Wir haben vielleicht auch schon erlebt, dass Menschen, die wir als unsere besten Freunde angesehen haben, plötzlich so tun, als würden sie uns nicht kennen, weil sie zu feige sind, sich vor denen, die uns kritisieren, zu uns zu bekennen.

Dann folgt das Verhör vor Pilatus, dem römischen Statthalter. Ihm ist es ziemlich gleich, wie es mit Jesus ausgeht, denn ihm ist vor allem wichtig, dass er selbst unbeschadet aus der Sache hervorgeht. Auch da steht Jesus allein da. Es gibt kein gerechtes Gericht. Es gibt keinen, der für ihn eintritt. Im Gegenteil, seine Gegner wiegeln die Menge so auf, dass sie seine Kreuzigung fordert. Die Menschen, denen Jesus so viel Gutes getan hat, die er geheilt, die er aufgerichtet, denen er die Frohe Botschaft verkündet hat, sie tun so, als ob sie nie etwas von ihm empfangen hätten. Auch heute erleben Prominente und Politiker, die lange Zeit in der Gesellschaft beliebt waren, dass man plötzlich ihre »Kreuzigung« fordert. Auf einmal richtet sich die Stimmung gegen sie und sie haben keine Chance, sich zu erklären. Was sie zu ihrer Rechtfertigung vorbringen, wird ihnen im Mund umgedreht. Da bleibt ihnen nur übrig, wie Jesus zu schweigen.

Der Verurteilung folgt das Verspotten durch die Soldaten. Jesus ist für sie gleichsam zum Freiwild geworden. Sie können mit ihm machen, was sie wollen. Die Soldaten verspotten Jesus nicht nur, sie schlagen ihn mit einem Stock auf den Kopf, spucken ihn an, setzen ihm eine Dornenkrone auf den Kopf und huldigen ihm voller Hohn als König. Auch bei dieser Erniedrigung kann Jesus nur schweigen und sich in sich selbst zurückziehen.

Dann führen sie ihn zur Kreuzigung. Aus dieser kurzen Bemerkung des Markus hat die Volksfrömmigkeit eine eigene Andacht entwickelt: den Kreuzweg. In vierzehn Stationen wird dargestellt, was Jesus auf dem Weg bis zur Grablegung erlebt hat. Die Volksfrömmigkeit hat den Kreuzweg als einen Weg der Heilung verstanden. Indem wir diese vierzehn Stationen meditieren, hoffen wir darauf, dass in uns eine Verwandlung stattfindet. Ich habe 25 Jahre lang Jugendarbeit gemacht. Die 250 Jugendlichen, die in der Karwoche zu uns kamen, haben wir am Karfreitag eingeladen, die Kreuzwegstationen miteinander anzuschauen und am Abend in einer Art Mysterienspiel darzustellen. Die Jugendlichen haben sich in diesen vierzehn Stationen wiedergefunden mit ähnlichen Erfahrungen, die sie in ihrem Leben gemacht hatten, zum Beispiel verurteilt zu werden, eine Last tragen zu müssen, der eigenen Mutter zu begegnen, die enttäuscht ist über den Weg, den sie eingeschlagen haben, dreimal unter der Last des Kreuzes zu fallen und immer wieder aufzustehen, bloßgestellt zu werden, festgenagelt zu werden auf ein bestimmtes Bild und schließlich begraben zu werden. Bei der spielerischen Darstellung dieser Stationen haben sie sich selbst neu erfahren und daraus die Hoffnung geschöpft, dass auch die Stationen ihres persönlichen Kreuzwegs verwandelt werden.

Schließlich hängt Jesus am Kreuz und wird von den Leuten nochmals verspottet. Dann stirbt er mit den Gebetsworten aus Psalm 22: »Mein Gott, mein Gott, warum hast du mich verlassen!« (Markus 15,34 = Psalm 22,2). Jesus erfährt am Kreuz das Verlassenwerden von seinen Jüngern und auch das Verlassensein von Gott. Aber er richtet seine Klage an Gott, und so liegt darin schon das Vertrauen, dass er ihn aus dieser Not erretten wird, wie es am Ende des Psalms heißt: »Ich will deinen Namen meinen Brüdern verkünden ... Denn er hat nicht verachtet, nicht verabscheut des Elenden Elend. Er hat sein Angesicht nicht verborgen vor ihm; er hat gehört, als er zu ihm schrie« (Psalm 22,23–25). In diesem letzten Gebet schwingt die Hoffnung mit, dass Gott Jesus nicht alleinlässt, sondern dass er ihn rettet aus dieser aussichtslosen Situation. Die Worte sind schon von der Hoffnung auf Auferstehung erfüllt.

Das ist die Beschreibung der Schmerzen, die Jesus in seiner Passion erlebt. Man könnte sie als archetypisch bezeichnen, das heißt, dass jeder Mensch ähnliche Schmerzen in seinem Leben erleidet. Jeder Evangelist deutet nun das Geschehen der Kreuzigung Jesu anders und zeigt jeweils einen anderen Weg der Verwandlung und Heilung.

Markus schildert im ersten Teil seines Evangeliums, dass Jesus erfolgreich Dämonen austreibt und Menschen heilt. Im zweiten Teil ist Jesus auf dem Weg und belehrt seine Jünger, jedoch nur mit mäßigem Erfolg. Sie verstehen letztlich nicht, wer dieser Jesus ist und was seine Botschaft bedeutet. Im dritten Teil – der Passionsgeschichte – tritt Jesus in den Herrschaftsbereich der Finsternis und des Bösen ein, in den Bereich der Dämonen, wie man diese destruktiven Kräfte damals nannte, und erleidet zwar ohnmächtig, aber voller Liebe und Vertrauen deren zerstörerische Macht. Nach dem Gebetswort aus Psalm 22 schreit er nochmals laut auf und hauchte seinen Geist aus. Der laute Schrei ist für Markus ein Siegesschrei. Wo Jesus scheinbar am ohnmächtigsten ist, geschieht auch die Überwindung der dämonischen Mächte. So stirbt Jesus als Sieger über die Dämonen und nicht als Opfer. Das ist für uns die Verheißung, dass auch wir im Vertrauen auf Gott durch alles Leid hindurchgehen und es verwandeln. Dass die Liebe über das Leid siegt, dass wir in unserem Sterben den Sieg über alle Finsternis erfahren dürfen und wie Jesus als Sieger sterben, nicht als Opfer.

Matthäus schildert die Passion Jesu ähnlich wie Markus. Aber er streut immer wieder Zitate aus dem Alten Testament in seine Erzählung ein, um aufzuzeigen, dass der Weg Jesu kein Scheitern ist, sondern schriftgemäß, dass er den Aussagen der Bibel entspricht. Nach außen hin scheint Gott in der Passion Jesu nicht anwesend zu sein. Jesus leidet – *etsi deus non daretur* –, als ob es Gott nicht gäbe, wie Dietrich Bonhoeffer es formuliert. Aber Gott ist trotzdem anwesend. Jesus lebt das, was er gelehrt hat: Gewaltlosigkeit, dem Willen Gottes gehorsam sein, Barmherzigkeit. Das Kreuz ist die Konsequenz seiner gewaltlosen Liebe, und es ist die Erfüllung vieler Schriftworte. Matthäus sucht als Theologe die Verse aus der Bibel, die das Leiden Jesu als schriftgemäß und damit als gottgemäß schildern. Für uns ist diese Deutung insofern eine Hilfe, als wir unser Leiden nicht als Versagen oder gar als Strafe verstehen, sondern es annehmen als das, was über uns verfügt ist, auch wenn wir nicht wissen, warum. Aber wir dürfen wie Jesus hoffen, dass das Leid nicht das letzte Wort ist, dass im Tod schon die Hoffnung auf Auferstehung liegt.

Lukas deutet als Grieche die Passion und den Tod Jesu so, dass die griechisch gebildeten Menschen den Sinn seines Leidens verstehen. Er schildert Jesus als den wahrhaft Gerechten. Für ihn erfüllt Jesus nicht nur die Worte der Bibel, sondern auch die Ahnung griechischer Philosophie. Platon hatte in seinem Werk *Politeia* über den wahrhaft gerechten Menschen geschrieben, in dieser ungerechten Welt werde man ihn aus der Stadt hinaustreiben, ihn blenden und schließlich ans Kreuz schlagen. Lukas bezieht sich auf diesen Text Platons, indem er den Hauptmann nicht sagen lässt: »Wahrhaft, dieser war Gottes Sohn«, sondern »Wirklich, dieser Mensch war ein Gerechter« (Lukas 23,48). Lukas versteht den Tod Jesu zudem im Sinn der griechischen Tragödie als ein Schauspiel, das nach Aristoteles immer Erschrecken und Mitleid auslöst: »Und alle, die zu diesem Schauspiel herbeigeströmt waren und sahen, was sich ereignet hatte, schlugen sich an die Brust und gingen weg« (Lukas 23,48). Indem wir das Schauspiel betrachten, werden wir verwandelt, werden wir gerecht und richten uns auf Gott aus. Lukas beschreibt Jesus als Vorbild, dem wir in unserem Leid nacheifern sollen. Dieses Vorbild Jesu wird in den drei Worten spürbar, die er am Kreuz betet:

1. »Vater, vergib ihnen, denn sie wissen nicht, was sie tun!« (Lukas 23,34)

Wir sollen in unserem Leid denen vergeben, die uns Leid bereitet haben. Dann befreien wir uns von ihrer Macht, wir verabschieden uns von der Opferrolle und finden mitten im Schmerz innere Ruhe.

2. »Heute noch wirst du mit mir im Paradies sein.« (Lukas 23,43)

Dieses Wort, das Jesus zu dem Verbrecher spricht, der mit ihm gekreuzigt wird, will uns die Angst vor dem Tod nehmen. Wir dürfen darauf vertrauen, dass auch der Tod für uns der Weg ins Paradies ist.

3. »Vater, in deine Hände lege ich meinen Geist.« (Lukas 23,46)

Jesus lässt sich im Tod vertrauensvoll in Gottes väterliche und mütterliche Hände fallen. Dieses Wort verwandelt unsere Angst vor dem Kontrollverlust und vor dem, was uns im Tod erwartet. Jesus lädt uns ein, uns in allem Leid immer in Gottes barmherzige Hände fallen zu lassen. Dann sind wir getragen mitten im Leid und auch im Tod.

Johannes zeigt uns mit seiner Deutung der Passion Jesu einen anderen Weg, wie wir mit dem Leid umgehen können. Er beschreibt zwar die Situation ähnlich wie die Synoptiker Markus, Matthäus und Lukas, aber in seinem Evangelium geht Jesus aufrecht, gleichsam souverän durch das Leid hindurch. Warum, das zeigt er in dem Wort, das er gegenüber Pilatus spricht: »Mein Königtum ist nicht von dieser Welt« (Johannes 18,36). Die Hohepriester, die Soldaten und Pilatus können Jesus Leid bereiten, sie können ihn verurteilen, geißeln und kreuzigen. Aber es gibt in Jesus eine königliche Würde, die ihm die Peiniger nicht nehmen können. Bei Seminaren sage ich den Teilnehmern oft, sie sollen einmal aufrecht durch den Raum gehen mit diesem Satz: »Mein Königtum ist nicht von dieser Welt.« Dabei sollen sie sich bewusst Situationen vorstellen, in denen sie kleingemacht oder verletzt wurden. Das bedeutet nicht, dass ich einen Panzer um mich herum aufbaue. Ich lasse mich ein auf das Leid, aber in mir ist etwas, das vom Leid nicht berührt werden kann, der heilige Raum auf dem Grund meiner Seele, in dem ich meine königliche Würde spüre, die mir niemand nehmen kann.

Auch die zweite Deutung, die Johannes der Passion Jesu gibt, kann uns helfen, unser Leid zu verwandeln. Es ist das Wort, das Jesus zu seinen Jüngern spricht: »Es gibt keine größere Liebe, als wenn einer sein Leben für seine Freunde hingibt« (Johannes 15,13). Jesus stirbt durch die Gewalt der Römer. Aber das, was ihm von außen widerfährt, verwandelt er in einen Akt der Hingabe, in einen Akt der Freundesliebe. Das ist durchaus auch für uns ein Weg. Wir suchen uns das Leid nicht aus, aber wenn wir es bewusst annehmen in Solidarität mit den Menschen, die wir lieben, dann können wir es anders erleben. Meine Mutter hat ihre Krankheiten und ihre mangelnde Sehkraft im Alter bewusst als Hingabe an ihre Kinder und Enkelkinder verstanden. Das hat ihr geholfen, nicht zu jammern, sondern ihr das Gefühl gegeben, dass sie auch mit ihren Begrenzungen noch etwas bewirken und dadurch bewusst Liebe ausstrahlen kann. Ihren Kindern und Enkelkindern hat es gutgetan, weil von ihr etwas Fröhliches und Liebevolles ausgegangen ist. Johannes deutet den Tod Jesu als Vollendung der Liebe: »Da er die Seinen liebte, die in der Welt waren, liebte er sie bis zur Vollendung« (Johannes 13,1). Wenn wir unsere Krankheit annehmen und in der Annahme unsere Liebe zu den Menschen zeigen, bekommt das Leid für uns eine andere Bedeutung, einen tiefen Sinn, und wir können es leichter annehmen. Wir rebellieren nicht dagegen, sondern akzeptieren es als Ausdruck unserer Liebe zu den Menschen.

Der Schmerz der Hingabe – Muhammad

AHMAD MILAD KARIMI

Nach dem islamischen Selbstverständnis ist Muhammad der letzte Prophet in einer langen Reihe und Tradition prophetischer Persönlichkeiten. Seine besondere Stellung ergibt sich zum einen daraus, dass er mit den Schmerzerfahrungen der Propheten, die vor ihm lebten, konfrontiert wurde, weil der Koran ihn ununterbrochen daran erinnerte. Denn der Koran wurde ihm nicht auf einmal offenbart, sondern innerhalb von ungefähr 23 Jahren seines Lebens. Dabei werden ihm die einzelnen Geschichten der biblisch bezeugten Propheten dann verkündet, wenn er sich selbst in einer vergleichbaren Lebenssituation befindet. Somit fungieren die anderen Propheten als eine Art Spiegel seiner eigenen Herausforderungen, die alle ebenfalls mit Schmerz und Verwandlung des Schmerzes verbunden waren.

Dadurch wird auch verständlich, warum der Koran nicht als Vermittlung historischer Tatsachen zu begreifen ist. Stattdessen haben die prophetischen Geschichten vor allem eine existenzielle und spirituelle Bedeutung für Muhammad. Alle prophetischen Gestalten sind ihm nahe, sie berühren, belehren, inspirieren ihn. Vor allem aber binden sie ihn in eine größere Geschichte ein, über die er selbst nicht verfügen konnte.

Zum anderen ist sein Leben von einer Reihe an Schmerzerfahrungen gekennzeichnet, die ihn in unterschiedlicher Form immer begleitet haben. In seiner viel später überlieferten Lebenserzählung entdecken wir ihn als einen tief schmerzerfüllten Menschen, der diese Schmerzen jedoch nicht festhielt, sich nicht von ihnen bedrücken ließ, sondern mit den Schmerzen wuchs und am Ende spirituelle Heilung fand.

Sein Vater stirbt schon vor seiner Geburt, sodass Muhammad den Segen väterlicher Gegenwart in seinem Leben nicht genießen kann. Dieser frühe Verlust prägt ihn tief. Im Alter von sechs Jahren verliert er auch seine Mutter, die zentrale Figur seines jungen Lebens. Als Waisenkind wächst Muhammad mit einer Leere in seiner Brust auf, die sich mit nichts füllen lässt. Der Schmerz dieses doppelten Verlustes, der ihn in so jungen Jahren trifft, ist wie eine ständige, dumpfe Traurigkeit, die in seinen Herzschlägen widerhallt. Zunächst nimmt ihn sein Großvater in seinem Haus auf, doch auch dieser stirbt, was die Wunde erneut aufreißt und vertieft. Schließlich findet er bei seinem Onkel ein Zuhause, doch der Schmerz der verlorenen Bindungen bleibt wie eine stille, unerbittliche Erinnerung an die Liebe und Geborgenheit, die ihm genommen wurden.

Aber Muhammad sucht nicht im Außen nach Gründen für seine Trauer, er verliert sich nicht in Schuldzuweisungen. Den Schmerz, die Eltern verloren zu haben, kann er kaum verdrängen. Doch er wird nicht zu einer zerstörerischen Energie in ihm. Später wird er im Koran an die Gegenwart Gottes in seinem Schmerz erinnert: »Hat Er dich nicht gefunden als Waise und gab dir Zuflucht? [...] Darum unterdrücke die Waise nicht!«[59] Wenn wir den Schmerz, der unvermeidbar ist, nicht negativ verabsolutieren, das heißt uns als Opfer dieser Heimsuchung verstehen, sondern hinhören, was dieser Schmerz uns zu erzählen hat, was er in uns berührt, öffnet und erweckt, dann wird er verwandelt, weil wir selbst uns durch ihn verwandeln lassen. Indem wir uns auf den Schmerz einlassen, nehmen wir ihm seine einseitige Macht, die uns daran hindert, ihn als Möglichkeit zu verstehen. Schmerzerlebnisse, insbesondere solche aus der frühen Kindheit, prägen unsere Biografie und machen uns einzigartig, da sie Teil dessen sind, was wir sind. Wenn wir diese Erlebnisse als Chancen, als Möglichkeit begreifen, können wir daran wachsen und uns weiterentwickeln.

Die erwähnte Koranstelle erinnert Muhammad nicht nur daran, dass er in seinem Schmerz, ein Waisenkind zu sein, nicht allein war, sondern auch, dass er in der Hand Gottes getragen wurde. Dies ermöglicht ihm, seiner Schmerzerfahrung einen tieferen Sinn zu geben, eine innere Empfindung und Sensibilität für Waisen zu entwickeln. Der Schmerz machte Muhammad dünnhäutig für den Schmerz anderer. Später wird er in einer kurzen Zeitspanne seinen Onkel, seine Frau und seine Söhne sterben sehen. Der Schutz, den Gott ihm gegeben hat, soll ihn dazu inspirieren und verpflichten, diesen auch anderen zukommen zu lassen. Seine Schmerzerfahrungen wurden zu einer Quelle der Kraft und des Mitgefühls, die seine prophetische Mission prägten. Rumi erinnert daran, dass »der Prophet eines Nachts Schmerzen in seiner Hand«[60] spürte. Ihm wurde offenbart, dass dies die Wirkung eines Menschen sei, dem auf seinen Befehl hin die Hände gebunden wurden. Der Schmerz, den wir empfinden, hat also auch eine zwischenmenschliche Bedeutung, weil wir dadurch von innen her dem anderen nahe sein können. Er öffnet uns füreinander. »Wenn ein Glied Schmerz empfindet«, sagt Rumi, »schmerzt es alle anderen Teile. Das Auge lässt sein Sehen, das Ohr das Hören, die Zunge das Sprechen und alle kommen dort [wo es schmerzt] zusammen. Die Bedingung für Freundschaft ist, sich für den Freund aufzuopfern, sich um des Freundes willen in Unruhe zu stürzen. Denn alle sind Einem zugewandt und sind in Einem Meer versunken.«[61]

Muhammad zeigt uns, dass Schmerz nicht das Ende einer Biografie sein muss, sondern ein Ausgangspunkt für eine tiefere Verbindung zu anderen und eine Quelle der Inspiration für positive Veränderung. Seine Fähigkeit, Schmerz in Mitgefühl und Dienst an anderen zu verwandeln, rührt daher, dass er sich nicht mit dem Schmerz seiner Kindheit identifiziert. Dies ist die tiefere Botschaft seiner Lebensgeschichte: Der Schmerz kann uns prägen, aber wie wir darauf reagieren, kann uns und unsere Welt verändern.

Als sich Muhammad im erwachsenen Alter in einer Berghöhle (*ḥirāʾ*) zu einer Art Meditation zurückgezogen hat, erscheint ihm der Engel Gabriel, um ihm zu offenbaren, dass er der Auserwählte Gottes ist, dem seine Worte anvertraut würden. Erneut ist er einer Erfahrung ausgesetzt, die er nicht kontrollieren kann. Er weigert sich zunächst, weil er nicht fassen kann, was mit ihm geschieht. Aber der Engel ist entschieden. Muhammad will fliehen, doch wohin er sich auch wendet, sieht er das Antlitz des Engels. Wir kennen das aus eigener Erfahrung, weil wir uns zunächst nicht verwandeln wollen, sondern aus der Situation, die uns in Anspruch nimmt, uns mit unseren Grenzen in Berührung bringt, fliehen möchten, weil uns das am bequemsten erscheint. Muhammad muss bleiben, wo er ist, damit er werden kann, wer er sein kann und sein soll. Indem er seine Situation annimmt, stellt er sich auch seiner Verwandlung.

Er öffnet sich dem Göttlichen. Dann bittet der Engel ihn, vorzutragen, was auf dem Tuch steht, das der Engel ihm vorhält. »Da presste er [der Engel Gabriel] das Tuch auf mich«, berichtet der Prophet, »sodass ich dachte, es wäre mein Tod. Dann ließ er mich los und sagte wieder: ›Trag vor!‹ ›Ich kann nicht vortragen‹, antwortete ich. Und wieder würgte er mich mit dem Tuch, dass ich dachte, ich müsste sterben. Und als er mich freigab, befahl er erneut: ›Trag vor!‹ Und zum dritten Mal antwortete ich: ›Ich kann nicht vortragen.‹ Als er mich dann noch einmal fast zu Tode würgte und mir wieder vorzutragen befahl, fragte ich aus Angst, er könne es noch einmal tun: ›Was soll ich vortragen?‹«[62] Nachdem ihn der Engel erneut ans Herz drückt, trägt Muhammad vor: »Im Namen Gottes […]«[63] Die Offenbarung schreibt sich in sein Inneres ein. So gesteht er: »Es war mir, als wären mir die Worte ins Herz geschrieben.«[64]

Wir hören eindrücklich, dass Muhammad um sein Leben ringt, dass er eine tiefe Grenzerfahrung macht, über die er nicht verfügen kann. Die Offenbarung des Korans war für ihn kein sanftes oder tröstliches Erlebnis. Vielmehr war sie von körperlichem und emotionalem Schmerz geprägt. Gabriel drängte Muhammad dreimal, die göttliche Botschaft zu rezitieren, und jede Weigerung des Propheten führte zu einer Intensivierung der Bedrängnis. Überwältigt von dieser Erfahrung, zittert der Prophet am ganzen Leib. Er geht zu seiner Frau und bittet sie um ihre Wärme. Seine Frau schließt ihn in ihre Armen, hört ihm zu, schenkt ihm Glauben, dass er nicht halluziniert, und spricht ihm Mut zu, dass er seiner Aufgabe gewachsen ist.

Die Worte, die Gabriel Muhammad offenbarte, wurden in sein Herz geschrieben. Diese Offenbarung war nicht nur eine Botschaft, sondern eine tiefgreifende spirituelle Erfahrung, die ihn verwandelte. Keine Verwandlung ist schmerzlos, weil sie uns nicht nur äußerlich verändert, soll, sondern auch innerlich. Muhammad muss in sich das Wandeln geschehen lassen. Die Worte Gottes sind ihm ins Herz geschrieben, weil er sie ans Herz genommen hat, sein Herz verwandeln ließ.

Muhammad gibt sich nicht einfach hin, indem er seine Angst beiseitelegt. Er ist mit seiner Grenze konfrontiert, die er mit seiner Hingabe durchbricht. Er nimmt seinen Schmerz an. In Momenten großer Unsicherheit und Schmerzen können wir lernen, uns dem Fluss des Lebens hinzugeben und darauf zu vertrauen, dass es einen tieferen Sinn gibt, den wir vielleicht nicht sofort erkennen. Muhammad erlebte in diesem Moment nicht nur physischen Schmerz, sondern auch tiefe Verunsicherung und Angst. Er verstand nicht, was mit ihm geschah, und zweifelte an seiner eigenen Fähigkeit, die ihm auferlegte Aufgabe zu erfüllen. Den Schmerz zu verwandeln, gelang ihm nicht durch das Verdrängen der Angst, sondern mit der Entscheidung, trotz der Angst weiterzumachen. Es ist die Überwindung dieser inneren Hürden, die uns wachsen lässt und uns ermöglicht, unsere Bestimmung zu erfüllen.

Der Prophet Muhammad wurde vielfach abgelehnt, beleidigt und mit Hass konfrontiert, was ihm viel Leid und weitere Schmerzerfahrungen einbrachte. Bevor er zum Propheten erwählt wurde, war er in Mekka als »Al-Amīn« bekannt, der Vertrauenswürdige. Doch nachdem er seine Gesellschaft mit einer anderen Ethik und einer anderen Vorstellung von erfülltem Leben konfrontierte, änderte sich die Haltung vieler Menschen in seiner Nähe drastisch. Er wurde dazu gedrängt, seine Heimatstadt Mekka zu verlassen. Die gleichen Menschen, die ihm einst vertrauten und ihn respektierten, beschimpften ihn nun als Lügner und Verrückten. Er wurde körperlich und verbal angegriffen, mit Schmutz beworfen, bespuckt, während seiner Gebete belästigt und mit dem Tod bedroht. Die ständigen Anfeindungen und die Ablehnung seiner Botschaft durch viele Menschen, die er liebte, einschließlich naher Verwandter, waren eine Quelle tiefen Schmerzes für ihn.

Ein besonders lehrreiches Beispiel aus der islamischen Frömmigkeitstradition ist die Geschichte von der Frau, die regelmäßig Müll auf den Propheten Muhammad warf, wenn er an ihrem Haus vorbeiging.[65] Das war eine deutliche Ausdrucksform von Hass und Respektlosigkeit. Muhammad hätte diese Beleidigungen mit gleicher Münze zurückzahlen können, doch er wählte einen anderen Weg: Eines Tages bemerkte der Prophet, dass die Frau ihn nicht wie gewohnt mit Müll beworfen hatte. Stattdessen blieb ihr Fenster geschlossen, und sie war nirgends zu sehen. Besorgt um ihr Wohlergehen, erkundigte sich Muhammad nach ihr und erfuhr, dass sie krank war. Daraufhin besuchte er sie, um nach ihr zu sehen und ihr seine Hilfe anzubieten. Die Frau war überrascht und tief berührt von dieser Geste des Mitgefühls und der Freundlichkeit, besonders angesichts der Tatsache, dass sie ihn so schlecht behandelt hatte. Diese unerwartete Reaktion des Propheten führte dazu, dass sie ihre Feindseligkeit aufgab und ihr Hass in Liebe verwandelt wurde.

Muhammad verwandelt Hass in Liebe, Schmerz in Heilung, weil er zunächst in sich diese Verwandlung vollzogen hatte. Indem wir denen vergeben, die uns verletzen, und ihnen mit Großmut begegnen, können wir den Kreislauf von Ablehnung, Hass und Konflikt durchbrechen und Heilung und Versöhnung fördern. Muhammad kann ein Beispiel dafür sein, dass wir Schmerz und negative Erfahrungen in Chancen für spirituelles Wachstum und Heilung verwandeln können. Das gelang ihm vor allem deshalb, weil er diese Frau nicht auf ihren Hass reduzierte, sondern sein Herz für sie offenhielt. Ihr Hass hat ihn erreicht, aber nicht sein Herz. Zudem redete er ihr nicht gut zu, sondern überzeugte sie durch seine konkrete Handlung. Diese Haltungen ermöglichten es ihm, nicht nur seine eigenen Schmerzen zu überwinden, sondern auch das Leben anderer zu beeinflussen und zu verwandeln.

Mitfühlen – Mitleiden – Barmherzigkeit

ANSELM GRÜN
AHMAD MILAD KARIMI

Die biblisch-koranischen Gestalten verweisen uns nicht nur auf unsere eigenen Schmerzen. Sie laden uns zudem ein, unsere Augen für die vielen zu öffnen, die in unserem Umfeld an Schmerzen leiden und mit ihnen zu fühlen. Wir sollten uns verbieten, ihre Schmerzen vorschnell zu deuten oder uns eine Theorie zurechtzulegen, warum sie leiden. Immer, wenn wir uns eine Theorie über den Schmerz eines anderen machen, weigern wir uns, uns auf diese Person mit ihren konkreten Schmerzen einzulassen. Wir halten gleichsam unsere Theorie zwischen uns und dem anderen, anstatt mit ihm zu fühlen und zu erspüren, wie sehr er leidet.

Dabei zeigen uns die Bibel und der Koran, dass jeder Schmerzerfahrung eine eigene spirituelle Verwandlung innewohnt, die uns heute berühren, ansprechen und mitfühlend machen kann. Beide heiligen Schriften lehren uns, dass Schmerz und Leid keine Strafe oder Zufall sind, sondern tiefere spirituelle Bedeutungen und Möglichkeiten der inneren Verwandlung bieten. Mit der Bibel und dem Koran erfahren wir, dass wir in unserem Schmerz nicht isoliert sind.

Die Überlegung von Pater Anselm Grün über Adam und Eva zeigen eindrücklich, warum ihre Schmerzerfahrungen uns noch heute etwas sagen können. Auch wir werden in Schuld und Schmerz verstrickt und wissen nicht, wie wir Vergebung und Versöhnung finden können. Im Koran hören wir ebenfalls die Geschichte dieses Paares, die uns daran erinnert, dass Fehltritte menschlich sind und Einsicht der erste Schritt zur Heilung ist. Im Koran wird die Geschichte von Adam und Eva in mehreren Suren erzählt. Gott vergab ihnen ihre Verfehlung, nachdem sie Einsicht zeigten und um Vergebung baten.[66] Pater Anselm spricht über die Schwierigkeit, sich selbst zu vergeben, trotz des Glaubens an Gottes Vergebung. Im Islam wird betont, dass uns Gott näher ist als die eigene »Halsschlagader«[67] und dass er uns hört, wenn wir nach ihm rufen. Diese Nähe zu Gott soll uns zeigen, dass wir auch mit unseren Schmerzen, die wir nicht loswerden, die wir nicht selbst heilen können, in Gott Trost und Heilung finden können. Gott vergibt nicht nur, sondern er ist auch ein Heiler von Herzen. Im Koran heißt es: »Wahrlich, im Gedenken Gottes finden die Herzen Ruhe.«[68]

Im Christentum wie auch im Islam ist die Akzeptanz der eigenen Fehlbarkeit ein wichtiger Schritt auf dem Weg zur inneren Heilung. Pater Anselm weist darauf hin, dass es vielen Menschen leichter fällt, anderen zu vergeben als sich selbst. Diese Herausforderung ist auch im Islam bekannt. Es wird betont, dass dies ein Prozess ist, der Geduld und Selbstmitgefühl erfordert. Sich selbst zu vergeben ist äußerst schwierig, aber wenn wir darauf vertrauen, dass unsere Schmerzen und Schuldgefühle in Gottes Händen liegen, können wir eine tiefere Ebene der Vergebung und des inneren Friedens erreichen. Adam und Eva mussten ihre Fehler akzeptieren und mit den Konsequenzen leben, aber ihre Geschichte zeigt uns auch, dass es immer einen Weg zurück zu Gott gibt.

Im Koran wird Noah (arab. *Nūḥ*) ebenfalls als Prophet vorgestellt, der sein Volk vor der Strafe Gottes warnt und sie zur Umkehr aufruft. Mit Noah ist die Einsicht verbunden, wie wichtig es ist, inmitten von Versuchungen und gesellschaftlichen Herausforderungen treu zu bleiben und Gott zu vertrauen, selbst wenn die Welt um uns herum im Chaos zu versinken scheint. Noah wird, wie der Koran betont, vielfach angegriffen – als Besessener, als Irrender, als Lügner, als Täuscher, aber er resigniert nicht und verliert nicht die Hoffnung. Er wendet sich zu Gott, hält sich Gott hin und bittet um Beistand. Pater Anselm hebt in Bezug auf Noah drei wesentliche Einsichten hervor: Erstens die Fähigkeit, über das Böse in der Welt hinauszublicken und in jedem Menschen einen möglichen Bruder oder eine Schwester zu sehen, die nach dem Guten strebt. Gott ist, so könnte man im islamischen Sinne kurz sagen, der Name, der uns sagt, dass das Böse nicht das letzte Wort hat. Zweitens die Mahnung, wachsam und stets bereit zu sein für das Ende, das nicht nur Tod und Zerstörung bringt, sondern auch die Möglichkeit zur Neugeburt und zur Hoffnung auf eine bessere Welt. Und drittens die Arche als Symbol für einen inneren heiligen Raum, der uns vor dem Bösen schützt und uns inneren Frieden schenkt. Diese Deutung berührt mich als Muslim zutiefst, weil ich hier auch an den Propheten Muhammad erinnert werde, der betonte, dass die wahre Kaaba, das Haus Gottes, im Herzen der Menschen steht.

Auch im Islam wird König David als Prophet und gerechter König gewürdigt. Ihm hat Gott, so bezeugt der Koran, Wissen, Weisheit und einen Psalter gegeben.[69] Pater Anselm hebt drei Schmerzerfahrungen im Leben Davids hervor, die auch die islamische Tradition kennt, und zeigt auf, was wir aus diesen Schmerzen über uns und unseren Umgang mit Neid, Fehlbarkeit und Verrat lernen können. Der Koran erwähnt die Verfehlung und den Schmerz Davids, den er dabei empfunden hat, indem auf seine Bitte um Vergebung eingegangen wird. »Da bat er seinen Herrn um Vergebung und fiel nieder in Verneigung und kehrte um.«[70]

Fehlbarkeit gehört zum Menschsein, selbst wenn er ein König wie David ist. Der Schmerz Davids ist berührend, weil er am Ende um die Tiefe seiner Verfehlung weiß, dass er gegen Gott gesündigt hat. Und Gott wird ihm vergeben. Ausdrücklich heißt es im Koran: »So vergaben Wir ihm dies, und wahrlich, ihm ist bei Uns Nähe gewährt und eine schöne Heimkehr.«[71] David hegt keinen Zorn gegen Saul, wodurch seine Beziehung zu ihm nicht in bleibendem Schmerz der Trennung und Ablehnung verharrt. David vergibt ihm, wie seine Todesklage bezeugt. Schmerz und Schuld sind nicht das Ende einer Beziehung, wenn wir den Zorn in uns überwinden können, der letztlich uns selbst versklavt.

Die Schmerzerfahrungen von David zeigen uns, dass es wichtig ist, in Zeiten des Leids und der Verzweiflung nach innen zu schauen, unsere eigenen Fehler zu erkennen, um Vergebung zu bitten und die Barmherzigkeit Gottes zu suchen. So können wir durch Schmerz verwandelt werden und eine tiefere Verbindung zu unseren Mitmenschen entwickeln.

Die Geschichte von Hiob (arab. *Ayyūb*) wird im Koran angedeutet und in der islamischen Tradition ausführlich geschildert. Im Koran ist er als ein Prophet beschrieben, der von Gott geprüft wird. Pater Anselm geht auf diese Prüfung ein und macht deutlich, dass wir aus seiner Geschichte viel lernen können, indem wir unseren Schmerz in der Stille aushalten lernen und dabei unsere Gedanken schweigen lassen. Der Koran erwähnt die Klage Hiobs nicht, aber sehr wohl, dass er geprüft wurde und von Leiderfahrung heimgesucht wurde. Gott erhört ihn und nimmt den Schaden von ihm, weil er sich in Geduld geübt hat. Die »schöne Geduld«, wie es im Koran heißt, trägt uns im Schmerz und verwandelt ihn, weil wir uns nicht von ihm beherrschen lassen. Als Hiob schmerzlich leidet, sagt er: »Getroffen hat mich Schaden! Und Du bist der erbarmendste Erbarmer.«[72] Er lobpreist Gott, während er eigentlich, wie seine Frau ihm nahelegt, Gott lästern müsste. Gott erhört seine Geduld, seine Stille.

Der Prophet Jona (arab. *Yūnus*) wird im Koran nur wenige Male erwähnt. Insbesondere wird dort seine Flucht auf einem überladenen Schiff beschrieben, dass er von einem Fisch verschluckt wurde und dennoch überlebte. Zentral ist dabei die dreifache Dunkelheit, die ihn ergriff, wie es in der islamischen Tradition gedeutet wurde: die Dunkelheit im Inneren des Fisches, in der Tiefe des Meeres und die Dunkelheit der Nacht symbolisieren seine tiefe Krise mit Gott. Jona erlebt großen Schmerz, weil er sich dem Auftrag Gottes widersetzt und versucht, vor ihm zu fliehen. Pater Anselm beschreibt dies als einen Schmerz, den viele Menschen erfahren, wenn sie spüren, was Gott von ihnen will, diesem Ruf aber nicht folgen wollen. Er betont, dass der Wille Gottes uns jedoch nicht fremd, sondern tief in uns selbst verankert ist. Indem wir in die Stille gehen und mit uns selbst im Einklang sind, können wir den Willen Gottes als identisch mit unserem wahren Selbst erkennen.

Widerstand gegen diesen Willen führt zu innerem Konflikt und Verzweiflung. Im Koran heißt es, dass Jona gewiss im Bauch des Fisches bis zum Tag der Erweckung geblieben wäre, wenn er nicht zu denen gehört hätte, die Gott preisen.[73] Gott sieht durch die Finsternisse hindurch, was Jona in Wahrheit in sich trägt. Wie sehr wir auch von einer fremden oder eigenen Dunkelheit, vom Zweifel, von Hoffnungslosigkeit oder Sinnlosigkeit im Leben geplagt sind, bleibt das, was uns tief im Inneren trägt, nicht verborgen. Darauf zu vertrauen, dass in aller Haltlosigkeit ein Halt da ist, dass in aller Dunkelheit Licht nicht abwesend ist, verwandelt den Schmerz.

In besonderer Weise verkörpert Jesus eine tiefe Erfahrung des Schmerzes und der Verwandlung desselben, aber im Islam, in dem Jesus (arab. *ʿĪsā*) als Prophet eine ganz besondere Würdigung erfährt, ist von dessen Passion keine Rede. Zumindest ist der Koran entschieden: »Sie haben ihn nicht getötet, nicht gekreuzigt.«[74] Aber was geschah mit ihm? »Erhoben hat ihn Gott zu sich.«[75] Hier bleibt alles im Dunkeln. Doch Jesus verkörpert im Islam einen anderen Charakter. Er ist der Beter, der Wanderer, der Arzt, der Genügsame. Besonders Rumi spricht vielfach vom lachenden Jesus, der mit seiner Freude die Trauererfahrungen dieser Welt in Gelassenheit verwandelt. Rumi schreibt: »Es heißt: Jesus lachte viel, und Johannes weinte viel. Und sie waren Vettern. Johannes sagte zu Jesus: ›Du bist wohl ganz sicher gegen die feinen Tricks Gottes, dass du so lachst?‹ Jesus antwortete: ›Du übersiehst wohl ganz die subtilen und wundervollen Gnaden Gottes, dass du so viel weinst?‹ Einer von Gottes Heiligen war anwesend. Er fragte Gott, welcher der beiden den höheren Rang habe. Gott antwortete: ›Derjenige, der besser von Mir denkt.‹«[76] Dieses Bild von Jesus ist prägend, weil er den Schmerz in sich verwandelt, indem er voller Vertrauen offen war für das Leben.

Ahmad Milad Karimi macht in seiner Deutung des gemeinsamen Vaters Abrahams, auf den sich Juden, Christen und Muslime berufen, auf Aspekte aufmerksam, die bisher verborgen waren. Der Koran erzählt uns die Vorgeschichte von Abraham, die so nicht in der Bibel steht. Doch was der Koran über die Ablehnung durch den Vater und über die Errettung vom Feuertod, dem ihm seine Verwandten überliefern wollten, berichtet, kann gut erklären, dass Abraham Gott auch in der größten Prüfung glauben konnte: Gott will nicht, dass er seinen Sohn opfert, sondern er möchte seinen Gehorsam prüfen und ihn zu einem Glauben führen, dass Gottes Gebote »letztlich auf Barmherzigkeit und Gerechtigkeit beruhen«, wie Ahmad Milad Karimi schreibt. Dieser Deutung kann ich gerne zustimmen, möchte aber noch einen anderen Aspekt hinzufügen: In der Umgebung Abrahams verlangten die Götter das Opfer ihrer Söhne und Töchter. Gott zeigt Abraham, dass er keine Kinderopfer will. Wenn wir diese Erkenntnis auf unsere Zeit lenken, dann heißt das für mich: Es ist immer ein Götze, etwa der Götze des Erfolges oder der eigenen Karriere, der uns dazu verführt, unsere Kinder auf dem Altar unseres eigenen Rigorismus zu opfern. Gott zeigt

Abraham den Widder, den er opfern sollte. Dieser steht für den Erfolg. Manch ein Vater muss den Erfolg opfern, damit der Sohn leben kann.

Tief berührt hat mich die Deutung der Geschichte von Jakob und Josef, wie sie der Koran erzählt und wie sie von islamischen Mystikern wie Rumi und Attar und von Ahmad Milad Karimi gedeutet wird. Da ist der Satz Jakobs: »Geduld ist schön« und die Erfahrung, dass er trotz der Nachricht vom Tod seines Sohnes immer den Geruch Josefs in sich spürt. Josef im Brunnen und Josef im Gefängnis sind wunderbare Hoffnungsbilder für uns heute, dass Gott uns in allen schmerzlichen Situationen beisteht. Schöner kann man es nicht ausdrücken als Rumi: »Ich war Josef im Brunnen, nun bin ich Josef in Blüte.«

An der Deutung der Mosegeschichte im Koran und der Auslegung durch Ahmad Milad Karimi ist mir der Unterschied zwischen der Erzählung in der Bibel und im Koran aufgegangen: Der Koran deutet sie so, dass sie für uns heute zum Bild für unser eigenes Leben wird. Die Bibel erzählt, dass die Mutter Mose in einem Binsenkörbchen auf dem Nil aussetzt und dass die Tochter des Pharao aus Mitleid mit dem schreienden Kind den kleinen Mose aufnimmt und erzieht. Im Koran informiert Gott selbst den Mose über seine Kindheitsgeschichte. Darin wird die psychologische Dimension sichtbar, in der der Koran das Wirken des Mose sieht. Gott erzählt dem Mose seine Geschichte, um ihm Vertrauen zu schenken in seiner Aufgabe, sein Volk aus der Unterdrückung durch den Pharao zu befreien. Im Judentum und auch für uns Christen ist der Auszug aus Ägypten ein Bild für unseren Weg in die Freiheit. Dem

Koran geht es mehr »um die Stärkung des Menschen in der Überzeugung, gegen seine eigene Verzagtheit jede Finsternis durchbrechen zu können«, wie Karimi schreibt. Das Gebet des Mose, wie es der Koran überliefert, ist auch für die Heilung unserer Schmerzen, die durch Beklemmung und Enge entstehen, eine wunderbare Bitte: »Mein Herr, weite mir meine Brust!«

Salomo wird vom Koran auf der einen Seite als der weise König beschrieben, auf der anderen Seite aber auch als der Verblendete, der im Gebet nachlässig geworden ist. Die Weisheit und die Macht sind immer auch gefährdet durch Arroganz und Verblendung. So ist Salomo für uns eine Mahnung, umzukehren und unsere Weisheit durch die Verbindung mit Gott zu finden. Der Koran interpretiert auch die Geschichte Salomos auf seine Weise. Sie widerspricht nicht der Deutung der Bibel, sondern konkretisiert sie und betont ihre moralische Dimension.

Es freut mich, dass Ahmad Milad Karimi die Gestalt Marias auf dem Hintergrund des Korans so wunderbar beschreibt. Auch hier interessiert sich der Koran für die psychologische Situation Marias, die von ihrem Umfeld der Unzucht verdächtigt wird. Maria ist einsam. Aber sie lässt sich auf die Erwählung durch Gott ein, obwohl sie nicht weiß, welche Folgen das für sie hat. Der Koran fragt nicht wie manche kritische christliche Theologen, ob die Jungfrauengeburt möglich ist. Der Koran ist überzeugt: »So ist Gott. Er schafft, was Er will.« Karimi beschreibt sehr eindrucksvoll die Schmerzen Marias bei der Geburt ihres Sohnes. Maria nimmt den Schmerz auf sich, um der Welt Erlösung zu schenken.

Der islamische Mystiker Rumi sieht in Maria ein Bild für jeden von uns: »Jeder von uns hat einen Jesus, aber ehe sich in uns kein Schmerz zeigt, wird unser Jesus nicht geboren.« So könnte der Dialog mit dem Islam unsere christliche Sicht von Maria erweitern und uns auf Seiten hinweisen, die in unserer Sicht ausgeblendet werden. Und Maria könnte für uns zum Vorbild werden, wie wir mit den Schmerzen umgehen, die jede innere Neugeburt bei uns verursachen: dass die Schmerzen uns letztlich zu einer tiefen spirituellen Erfahrung führen.

Bei der Schilderung des Propheten Muhammad sind mir vor allem zwei Aspekte aufgefallen. Der Prophet durchlebt die gleichen Schmerzen, die die Propheten des Alten Testamentes erfahren haben: Sie werden verkannt von den Menschen in ihrem Umfeld. Sie wehren sich – wie etwa der Prophet Jeremia – gegen den Auftrag, Gottes Wort zu verkünden. Muhammad wehrt sich zunächst ebenfalls dagegen. Der Engel Gabriel muss ihn dreimal würgen, bis er bereit ist, das zu tun. Der zweite Aspekt: Muhammad ist wie Jesus ein Mensch, der viele Schmerzen erleidet. Bei Muhammad sind es vor allem Schmerzen in seiner Kindheit, da Vater und Mutter und Verwandte sehr früh sterben und er als Waisenkind aufwächst. Später sind es die Schmerzen der Ablehnung und Verleumdung durch Freunde und Vertraute. Doch er bleibt nicht in der Opferrolle, sondern verwandelt die Schmerzen in Mitgefühl mit den Feinden, etwa mit der Frau, die ihn mit Müll beworfen hat. Er verwirklicht die Feindesliebe, die Jesus gepredigt hat. So können auch wir Christen vom Umgang Muhammads mit seinen Schmerzen lernen, unsere Schmerzen in eine spirituelle Erfahrung zu verwandeln.

Wenn wir die christliche und muslimische Deutung der biblisch-koranischen Gestalten im Rückblick auf unsere gemeinsamen Ausführungen betrachten, so entdecken wir, dass Mitgefühl, Mitleid und Barmherzigkeit die drei Haltungen sind, die alle Gestalten auszeichnen und die wir von ihnen lernen können. Das wird an der Heilung des Aussätzigen durch Jesus exemplarisch deutlich (vgl. Markus 1,40ff). Als ein Aussätziger zu Jesus kommt und ihn bittet, ihn von seiner Krankheit zu befreien, hat er Mitleid mit ihm. Im Griechischen steht hier *splanchnistheis*, was bedeutet, in den Eingeweiden ergriffen zu werden. Die Eingeweide waren für die Griechen der Ort der Verwundbarkeit und der Gefühle. Jesus lässt den Kranken mit seinen Schmerzen in sich eintreten. Er leidet mit ihm, ohne von seinem Leiden aus seiner eigenen Mitte herausgerissen zu werden. Er leidet und fühlt mit ihm und handelt aktiv, indem er die Hand ausstreckt und ihn berührt. Er hat keine Angst, den Kranken anzufassen und mit seinem Leid konfrontiert zu werden. Das Leid des anderen reißt ihn nicht aus seiner eigenen Mitte heraus. Das Mitleid raubt ihm nicht seine Kraft, im Gegenteil, es befähigt ihn, sich auf den Kranken einzulassen und ihn mit seiner heilenden Kraft zu erfüllen und zu verwandeln.

Im Islam wird das Mitleiden durch die Figur des Propheten Muhammad ebenfalls stark betont. Muhammad wird oft als der Barmherzige beschrieben, der tiefes Mitleid für die Leidenden und Schwachen zeigte. Von ihm wird überliefert: »Gott wird sich niemandem erbarmen, der sich der Menschen nicht erbarmt.«[77] Diese Aussage unterstreicht die Bedeutung des Mitleids und der Barmherzigkeit im Islam, indem sie die Gläubigen dazu aufruft, aktiv Mitgefühl zu zeigen und sich um die Bedürftigen zu kümmern, was eine Parallele zur mitfühlenden Heilung Jesu darstellt. Der muslimische Mystiker Saadi sagt:

»Die Menschenkinder sind wie Glieder ein Gebund,
in ihrer Schöpfung aus gleichem Grund.
Wenn ein Glied Schmerzen leiden muss,
ruhen auch die anderen nicht in Genuss.
Du, der ungerührt von fremder Pein,
verdienst es nicht, ein Mensch zu sein.«[78]

Das Mitgefühl ist eine zentrale Haltung für den gläubigen Menschen, wie sowohl die Bibel als auch der Koran zeigen. Im Lukasevangelium sagt Jesus zu seinen Hörern: »Werdet barmherzig, wie auch euer Vater barmherzig ist« (Lukas 6,36). Lukas gebraucht hier das griechische Wort *oiktirmon*, das »mitfühlen« bedeutet. Wenn ich mit dem an seinen Schmerzen leidenden Menschen mitfühle, spüre ich innere Verbundenheit und Solidarität mit ihm. Ich fühle seine Schmerzen, ich spüre, wie es ihm damit ergeht. Das Mitgefühl ist eine natürliche Fähigkeit des menschlichen Herzens und verbindet uns mit allen Menschen, aber auch mit der Natur, mit den Tieren und Pflanzen. Es befreit uns von unserer Isolierung. Diese Verbundenheit mit allem, was lebt, tut uns gut, macht uns innerlich zufrieden und dankbar.

Der Prophet Muhammad sagt: »Keiner von euch ist wirklich gläubig, solange er nicht für seinen Bruder das Gleiche wünscht wie für sich selbst.«[79] Sich im anderen zu fühlen, die Perspektive des anderen einzunehmen, lässt Menschen im Schmerz nicht isoliert sein. Jesus fordert uns auf, das, was unserem Wesen entspricht, auch zu verwirklichen. Lukas ist überzeugt: Wer mitfühlt, der wird Gott gleich, der erfährt in seinem Mitgefühl auch, wer und was Gott ist. Mitgefühl könnte in unserer heutigen, häufig gespaltenen Gesellschaft die Kraft sein, die die Menschen wieder miteinander verbindet und die Polarisierung verhindert. Es gibt den leidenden Menschen das Gefühl der Zugehörigkeit und verhindert die Härte in der Gesellschaft, die letztlich allen schadet.

Mitleid und Mitgefühl sind Ausdruck des Mitseins. Das Mitsein entspricht dem Wesen des Menschen. Schon Aristoteles definierte den Menschen als *zoon politikon*, als Gemeinschaftswesen. Auf dem Grund unserer Seele sind wir alle miteinander verbunden, sind wir eins. Keiner ist eine Insel. Jesus betet darum, dass seine Jünger eins sind. Und auch Muhammad ist es ein Anliegen, dass die Gläubigen eins seien, nicht nur miteinander, sondern mit allen Menschen, gerade dann, wenn er betont, dass alle Geschöpfe Gottes Familie sind. »Und haltet fest allesamt an Gottes Seil, und spaltet euch nicht!«[80], heißt es im Koran. In der Tiefe unserer Seele sind wir mit allen Menschen eins. Das sollte sich in unserem Mitsein, in unserer Solidarität mit allen Menschen ausdrücken. Mitsein bedeutet, dass wir niemanden alleinlassen mit seinem Schmerz, sondern dass wir unsere Solidarität zeigen, indem wir uns um diese Menschen kümmern und so dazu beitragen, dass der Schmerz sich verwandelt.

Anmerkungen

1 Koran 2,286.
2 Rūmī, Ǧ. M.: Von Allem und vom Einen. Aus dem Persischen und Arabischen von Annemarie Schimmel, Kreuzlingen/München, 2. Aufl. 2011, S. 84.
3 Koran 4,125.
4 Koran 2,135.
5 Vgl. Koran 2,131.
6 Koran 19,47f.
7 Koran 11,72.
8 Genesis 16,10–11.
9 Koran 37,102.
10 Koran 37,103–109.
11 Koran 21,68.
12 Vgl. Koran 37,97.
13 Koran 21,69.
14 Koran 12,3.
15 Koran 12,4.
16 Koran 12,5.
17 Koran 12,6.
18 Rūmī, Ǧ. M.: Kulliyāt-i Šams-i Tabrīz. Herausgegeben von B. Z. Furūzānfar, Teheran 1380 (H. š.), Ġazal-Nr. 911.
19 Koran 12,7.
20 Koran 12,18.
21 Zitiert nach Ritter, Hellmut: Das Meer der Seele: Mensch, Welt und Gott in den Geschichten des Farīddudīn ʿAṭṭār, Leiden 1978, S. 345.
22 Koran 94,5.
23 Koran 94,6.
24 Farīd od-Dīn ʿAṭṭār: Das Buch der Leiden. Übersetzt von B. Meyer, München 2017, S. 170.
25 Koran 12,51.
26 Koran 12,91.
27 Koran 12,92.
28 Koran 12,94.
29 Farīd od-Dīn ʿAṭṭār: Das Buch der Leiden. Übersetzt von B. Meyer, München 2017, S. 126.
30 Rūmī, Ǧ. M.: Kulliyāt-i Šams-i Tabrīz. Herausgegeben von B. Z. Furūzānfar, Teheran 1380 (H.š.), Ġazal-Nr. 1393.

31 Vgl. Koran 4,164.

32 Koran 20,24.

33 Koran 20,25–30.

34 Koran 20,39.

35 Koran 20,66.

36 Koran 20,70.

37 Koran 20,67.

38 Koran 20,25.

39 Vgl. Koran 21,79.

40 Vgl. Koran 27,17.

41 Vgl. Koran 34,12; 21,81.

42 Vgl. Koran 27,20.

43 Rūmī, Ǧ. M.: Von Allem und vom Einen. Aus dem Persischen und Arabischen von Annemarie Schimmel, Kreuzlingen/München, 2. Aufl. 2011, S. 223.

44 Ratzinger, Joseph: Einführung in das Christentum. Bekenntnis – Taufe – Nachfolge (Joseph Ratzinger Gesammelte Schriften, Band 4), Freiburg im Breisgau 201, S. 248

45 Koran 19,16.

46 Koran 3,42.

47 Koran 3,47.

48 Schimmel, Annemarie: Jesus und Maria in der islamischen Mystik, München 1996, S. 119.

49 Koran 3,47.

50 Koran 19,20–21.

51 Koran 19,21.

52 Vgl. Koran 19,22.

53 Koran 19,23.

54 Koran 19,24–26.

55 Schimmel, Annemarie: Jesus und Maria in der islamischen Mystik, München 1996, S. 115.

56 Rūmī, Ǧ. M.: Von Allem und vom Einen. Aus dem Persischen und Arabischen von Annemarie Schimmel, Kreuzlingen/München, 2. Aufl. 2011, S. 84.

57 Vgl. Koran 19,27–32.

58 Schimmel, Annemarie: Jesus und Maria in der islamischen Mystik, München 1996, S. 91.

59 Koran 93,6;9.

60 Rūmī, Ǧ. M.: Von Allem und vom Einen. Aus dem Persischen und Arabischen von Annemarie Schimmel, Kreuzlingen/München, 2. Aufl. 2011, S. 143.

61 Rūmī, Ǧ. M.: Von Allem und vom Einen. Aus dem Persischen und Arabischen von Annemarie Schimmel, Kreuzlingen/München, 2. Aufl. 2011, S. 290.

62 Eigene Übersetzung in Anlehnung an Ibn Isḥāq, M.: Das Leben des Propheten. Aus dem Arabischen übertragen und bearbeitet von G. Rotter, Kandern 1999, S. 46.

63 Koran 96,1.

64 Ibn Isḥāq, M.: Das Leben des Propheten. Aus dem Arabischen übertragen und bearbeitet von G. Rotter, Kandern 1999, S. 46.

65 Hier geht es um eine Überlieferung, die zwar nicht in den großen Sammlungen erwähnt wird, aber in Variationen – sehr wahrscheinlich – mündlich in verschiedenen islamischen Kulturen, wie beispielsweise in der persischsprachigen Kultur, weit verbreitet ist.

66 Vgl. Koran 7,23.

67 Koran 50,16

68 Koran 13,28.

69 Vgl. Koran 17,5.

70 Koran 38,24.

71 Koran 38,25.

72 Koran 21,83.

73 Vgl. Koran 37,143f.

74 Koran 4,157.

75 Koran 2,158.

76 Rūmī, Ǧ. M.: Von Allem und vom Einen. Aus dem Persischen und Arabischen von Annemarie Schimmel, Kreuzlingen/München, 2. Aufl. 2011, S. 121.

77 Zitiert nach Annemarie Schimmel: Weisheit des Islam. Ausgewählt, übersetzt und herausgegeben von Annemarie Schimmel, Stuttgart 2003, S. 92.

78 Šaiḫ Šīrāz Saʿdī, M. b. ʿA.: Golestān. Taṣḥīḥ-i matn wa-šarḥ-i luġāt: Ḥ. Ostād Walī. Teheran 1367 (H.š.), S. 78 (eigene Übersetzung).

79 Schimmel, Annemarie: Weisheit des Islam, S. 94.

80 Koran 3,103.

Bibliografische Information der Deutschen Nationalbibliothek

Die Deutsche Nationalbibliothek verzeichnet diese Publikation in der Deutschen Nationalbibliografie. Detaillierte bibliografische Daten sind im Internet über http://dnb.d-nb.de abrufbar.

Ohne Folie
Für unsere Umwelt

MIX
Papier | Fördert gute Waldnutzung
FSC® C014889
FSC
www.fsc.org

in Deutschland produziert

1. Auflage 2024

Lektorat: Antonie Hertlein
Umschlaggestaltung: Finken & Bumiller
Druck und Bindung: Pustet, Regensburg
ISBN 978-3-7365-0577-3

www.vier-tuerme-verlag.de